执行的艺术

杨超◎编著

时事出版社
北京

图书在版编目（CIP）数据

执行的艺术 / 杨超编著 .—北京：时事出版社，
2021.10

ISBN 978-7-5195-0443-4

Ⅰ . ①执… Ⅱ . ①杨… Ⅲ . ①企业管理—组织管理学
Ⅳ . ① F272.9

中国版本图书馆 CIP 数据核字（2021）第 174018 号

出 版 发 行：时事出版社
地　　　址：北京市海淀区彰化路 138 号西荣阁 B 座 G2 层
邮　　　编：100097
发 行 热 线：（010）88869831　88869832
传　　　真：（010）88869875
电 子 邮 箱：shishichubanshe@sina.com
网　　　址：www.shishishe.com
印　　　刷：大厂回族自治县德诚印务有限公司

开本：880×1230　1/32　印张：8　字数：120 千字
2021 年 10 月第 1 版　2021 年 10 月第 1 次印刷
定价：50.00 元
（如有印装质量问题，请与本社发行部联系调换）

前言

三分战略，七分执行。

对个人来说，执行力是领导力的一部分，对组织来说，执行力则是企业成败的关键。没有执行力或者缺乏执行力，个人再美好的梦想也是镜中花、水中月，企业再好的战略和决策也无法保证落地实施并取得完美结果。

两百多年历史的西点军校，有著名的二十二条校规，其中最重要的一条就是“立即行动”。

在西点军校，士兵在回答命令的时候，只能有四种答案：“是，长官”；“不，长官”；“不知道，长官”；“没有借口，长官”。

《亮剑》里有个情节：李云龙同赵刚商量搞一个特别

小队，挑选会武功的战士。赵刚说：“那好，这事你尽快去办！”李云龙却马上回答：“不用尽快，我马上就去办！”

华为的执行力享誉世界。不熟悉华为的人会认为，让华为走向世界的是那些高瞻远瞩的战略规划。其实真不是，其背后的成功原因，业界都很钦佩的，就是华为的“执行力”，外界称之为“狼性执行”。比如，很多通信设备上的变革往往不是华为第一个规划的，但往往是华为第一个实施的。再如现在的 5G 布局，华为就做到了世界前列。

务实做事、不找借口、服从组织、追求完美……这些品质是成就一流企业的原因。我们普通人也应该从这些方面做起，提高自己的行动能力和水平，让平凡的你不平凡，让优秀的你更卓越。

· 目录

第一章
执行力是生存与竞争的根本

第二章
执行力从责任中来

第三章

执行力从态度中来

第四章

执行力从服从中来

第五章
执行力从策略中来

第六章
执行力从速度中来

第七章

执行力从效率中来

第八章

执行力从协作中来

第九章

执行力从变通中来

第十章

执行力从专注中来

第一章

执行力是生存与竞争的根本

想要到达最高处，必须从最低处开始；想要实现目标，必须从行动开始。当一个人积极地去行动的时候，就能够充满力量和激情地去挑战一切困难。任何远大的目标、宏伟的计划，最终必须落到行动上才能实现。

001

[执行力是解决问题的能力]

在工作中经常能听到“执行力”这个词语，什么是执行力？简单的说就是完成工作或任务的能力。这个能力体现在，以积极负责的态度和准确高效的方式，完成组织授予的工作，从而实现自我价值。

执行力是一种能力，它能够保证员工贯彻实施决策和计划，可以保证员工有效解决问题。员工执行力的强弱，体现在能不能发现工作中的问题、不断进行分析并最终完善解决。可以说，优秀的执行者就是懂得如何解决问题的人。

一个企业在经营发展过程中，必然会遇到很多的问题，这些都很正常，所以企业非常需要可以解决问题的员工。这样的员工在工作中具体是怎么做的呢？

首先，优秀的执行者懂得及时解决问题，不会把问题推给别人。

很多职场新人在遇到问题的时候，总是喜欢把问题推给别人，甚至自己的上司。一个企业的领导是整个公司的负责人、管理者，而不是员工的“问题汇总站”。企业雇用员工的目的是解决问题，如果都把问题推给上司，那就失去了工作的意义。

美国前总统杜鲁门在上任之后，就在自己的办公桌上立了一块牌子，上面写道“bucket stop here”，意思就是“问题停止在这里”。杜鲁门就是想以此督促自己要懂得负责任，不要把问题推给别人。他的这种做法体现了对待工作的一种积极心态，同时也给予了别人一种正确面对问题的暗示。

有企业家说过：“企业是什么？企业就是不断遇到问题，并解决问题的地方，而一个优秀员工的核心竞争力就是他解决问题的能力，也就是他的执行力。”

这个观点其实代表着所有企业的心声，而对于那些想要有所发展的员工来说，这些话同样具有指导意义。

其次，一个优秀的员工，一定不要惧怕问题，要敢于直面问题，并通过自己的知识和智慧去解决它。

一家公司从二手市场买回了一台进口的机器，才用了几天就出了故障，但这台机器的内部结构非常复杂，解决问题的关键是从错综复杂的弯管中辨认哪些是进口，哪些是出口。技术部的所有人对此束手无策。

集思广益之下也没有找到解决办法。于是有人想放弃了，提出：“实在没辙就让老板自己解决吧，我们尽力了。”

还好负责人并不同意，他说：“这是我们技术部的事情，如果我们都解决不了，老板怎么解决？企业还要我们技术部干什么？”他一边鼓励大家，一边继续深入思考。终于，他想到了一个绝佳的办法来找出管子的进出口。

只见他吸足一口气，然后对着一根管子吹，看哪个出口冒烟，就说明这两个口是一组的。不到一个小时，通过这个办法，所有弯管的进、出口都搞清楚了。

大家都松了口气，也从中体会到解决麻烦问题带来的成就感。

一个看起来很复杂的问题，只要你有信心，并深入思考，麻烦很可能就被轻而易举地解决了。

优秀的员工，一定是敢于面对问题，并善于运用聪明才智去解决的高手，他不会轻易放弃，更不会把难题推给别人。这样的人，才是企业真正的中坚力量。

002

[单个执行力凝聚成团队作战力]

国外有句俚语:“鸟枪打不过排射炮,沙粒挡不住洪水冲。”其实在这里的“排射炮”“洪水”都是指团队的力量,团队的力量才是最大的力量。

当今社会分工日益细化,技术也日新月异,个人的力量相对就显得薄弱。俗话说得好,一个好汉还得要有三个帮,一个团队或者组织之所以有强大的执行力,就在于每个成员能够为了共同目标和利益紧密团结起来,各司其职,各有所长,从而形成强大的合力。

我们都知道狼群的厉害,是因为它们懂得如何协同合作,发挥团队的力量。

在广阔的草原上，大雪过后一片白茫茫，许多动物早已进入了冬眠。可狼群没有储存食物的习惯，再冷也得出来寻找食物。在这样恶劣的环境下，如何保存体力找到猎物？聪明的狼群是这样做的：它们一头狼跟着一头狼排成队列前进，领头狼会在厚厚的雪地上踩出路来方便后狼跟进。领头狼如果累了，就离开队列慢慢恢复体力，后面的狼接着带路。以此循环前进，直至追到猎物。

狼群捕猎也很讲战术和纪律。每头狼都不能擅离职守，跑得快的狼负责堵截，强壮的狼负责攻击，弱小一点的狼负责杀死猎物后的搬运工作。整个过程分工明确，井井有条。

所以现在很多企业的团队建设都以狼的这个特性作为学习榜样，号称“狼性团队”。

管理大师彼得·德鲁克说过：“企业成功靠的不是

个人，而是一个团队。”

团队就像一艘巨大的航空母舰，每一个员工都是其中不可或缺的部分。而这艘航母能否按照预定的计划前行，就需要团队中所有成员的协作。

团队中的每个人都有自己的特长，每个人都有为团队奉献的精神，但如果不把这些分散的、个人的力量拧成一股绳的话，就不会形成一个强大的合力。因此，每个成员都需要具备团队协作的能力，以团队为荣，在做好自己本职工作的同时，加强和团队其他成员做好协作。

003

[执行力是组织的核心竞争力]

执行力决定着一个组织的成败，是构成组织核心竞争力最重要的一个环节。

我们不妨想一下，满街都是咖啡店，为什么大家耳熟能详的是星巴克？同样是做汽车，为什么奔驰、宝马可以家喻户晓？为什么超市行业中沃尔玛可以成为佼佼者？其实任何行业的任何企业战略方针大致一样，其成功的关键在于有没有较好的执行力。

当然，很多企业的成功也因为它们有创新的经营模式和与众不同的战略方针，但如果没有强大且长期的执行力支撑的话，最终也难以走远。

有一家企业经营不善濒临破产，后来被另一家收购。刚开始所有人都期盼新东家能够带来耳目一新的管理方法，但令人惊讶的是，新东家并没有做出任何改变，制度没变，机器设备没变，只是提出了一个要求：把先前制订好的计划坚持坚决做下去。

令人难以置信的是，不到一年时间，这家企业居然扭亏为盈。

问题何在？原来新东家经过认真调研，发现这家企业倒闭的原因，不是原有体系有问题，是对目标的定力和各项指标落实执行不力的问题。体现在企业领导对目标的信心不足而摇摆不定，员工也因此无所适从，做事经常半途而废。

关于执行力，有位企业家这么说：“（企业）核心竞争力就是执行力，没有执行力，就没有核心竞争力。”

他还讲到一种“怪圈”现象：企业的高层在出了问题的时候怪罪中层，中层又去指责员工，员工心中对中层有怨气，中层又对高层不满，这样一个怪圈就在企业中形成了。但是最终问题没有人负责去处理，工作也没有办法保质保量的完成。

这种现象在企业中广泛存在。所以，执行力不强并不仅仅只是基层员工的问题，是每一个层级都出现了问题。

相反，那些注重执行力的企业是什么样的呢？

很多人会认为麦当劳、肯德基的西式快餐和中国美食比起来完全不在一个档次上，它们千篇一律的都是汉堡包、薯条等。但它在全世界的影响力众所周知。虽然很多人都认为这些食物是“垃圾食品”，但这并不影响麦当劳和肯德基全球推广。有专家研究，麦当劳和肯德基能够取得成功的主要原因，是因为具有对标准流程的极好执行力，产品始终如一，管理细致认真，服务一如既往。

再如零售巨头沃尔玛。其当家人一再强调，沃尔玛能够取得今天的成就，完全归功于他们的执行力。沃尔玛的商业形态很古老，就是最简单的店面零售，但是他们却能够将这种简单而又古老的商业形态发挥到极致，只要他们能够想到的事情，他们就会立即实行，直至见效。这点作为我们消费者，是能深切感受到的。

我们再来看另一个例子。

在海尔企业文化中心，有一张已经发黄的稿纸，上面写着13个条款。据说，这是张瑞敏到海尔后颁布的第一个管理制度文件。在这个制度文件中，赫然写着“不许在车间大小便”。

几乎每个外人都会困惑：还有这样的制度？但当我们回顾海尔当年的背景时，便会发现其中的玄妙。1984年，张瑞敏刚到海尔，看到的是一个濒临倒闭的小厂：员工领不到工资，人心涣散，在厂区打架骂人、偷盗财产、车间随地大小便的现象比比皆是，新来的领导要么知难而退，要么被员工赶走。

面对如此困境，张瑞敏做出了这样的举动：首先从朋友那里借了几万元钱，为每一个员工发了一个月的工资。此举令所有员工深感意外且深受感动。接着，张瑞敏结合当时的形势、企业的状况和员工盼望企业发展的心理，定出了一系列基本的规定：严禁偷盗公司财产、严禁在车间大小便……总共13条规定，每一条看起来都不怎么“高大上”，但实际效果却出奇的好。原因就是因为它的“接地气”，而且每条都紧挨员工的道德底线，任何一条都让员工感觉“不应该”“不好意思”违背。因此，这些规定就具有了极强的可执行性。

更重要的是，张瑞敏没有停留在各项制度表面，而是抓住每一个违反制度的典型行为，发动大家讨论，挖掘典型行为的思想根源，上升到理念层次，再以这种理念为依据，制定更加严格的制度。于是，在这种管理制度下，每执行一次，就沉淀一个理念，再以理念为依据，制定更多的制度。最终，制度越来越健全，执行越来越严厉，思想越来越统一，海尔开始激发出全新的活力与创造力。

比尔·盖茨曾经说过:“微软在未来最大的挑战无疑是执行力。”即使像微软这样一个在全球具有垄断地位的企业，竟然也将执行力看得如此重要，可见执行力对于一个企业的生存与竞争该有多么重要。

004

[执行力缺失和低下的原因]

一、组织执行力低下的原因

1. 没有形成强有力的执行文化。没有形成强有力的执行文化，也就没有了严格执行的工作氛围。执行力文化就是把“执行力”作为所有行为的最高准则和终极目标的文化，其关键在于通过企业文化塑造和影响所有员工的行为，进而提升企业的执行力。企业执行力文化的魅力就在于能透过无形中的渗透和感染，影响全体员工的行为，引导执行者向一致的目标努力。因此，企业最大的任务之一就是营造执行力文化。

2. 领导者缺乏表率。古人云：“己身不正，虽令不行”，“上梁不正下梁歪”。如果领导者在工作中宽以待己，严于律人，自己没有做好表率，何以服人？怎么能带出有执行力的团队？

3. 制度、流程的缺失或不够完善。没有相应的管理制度、工作流程，或出台的制度、流程不够严谨，过于繁琐，不利于执行。这样，员工在执行过程中就无法做到“有章可循，有法可依，有流程可走，有表单可用”。

4. 缺少有真正执行力的员工。企业中想做大事的人太多，而愿把小事做完美的人太少。其实，执行力归根结底在于人，企业要提升自我的整体执行力就必须先找到拥有执行能力的人。员工是达到有效执行的最终端的实现者。

5. 缺乏监督和考核。一个成功的企业，离不开科学的预测、正确的决策、严格的管理和有效的监督。

制度的落实不仅需要自觉维护，更需要组织监督。管理学有这么一种说法，员工不会做你希望他做的，只会做你要检查的；如果你强调什么就会去检查什么，你不检查就等于不重视。

6. 没有奖惩。即使是监督了、检查了，如果对执行力优秀的员工没有奖励，对执行力低下的员工没有处罚，那监督检查又有什么用？企业战略的实施，关键在于要有一个奖惩分明的激励机制。没有一个奖惩分明的激励机制，领导的很多想法、决策和指令，根本无法被较好地执行，员工的积极性、主动性和凝聚力不见踪影。

二、个人执行力缺失的原因

1. 没有上进心，自我要求标准低。没有追求，没有上进心的人，对自己的要求标准低，做事浅尝辄止，遇到困难就掉头。这样的员工没有很强的执行力。

2. 意志不够坚定，缺乏毅力，不能吃苦。不能吃苦，没有毅力，没有坚决完成任务的坚强信念，遇到困难时往往选择逃避，而不是勇敢面对、积极寻找方法或者寻求帮助。

3. 拖延磨蹭，缺乏行动。“最消磨意志、最摧毁创造力的事情，莫过于拥有梦想而不开始行动”。拖延不会让事情凭空消失，只会使普通的事情变成紧急的事情。拖延消磨了意志，使人丧失进取心。而且一旦开始遇事推延，就很容易再次拖延，直到变成一种根深蒂固的习惯。

4. 优柔寡断，不敢决策。很多人晚上想想千条路，早上起来走原路。思多行少，言胜于行，优柔寡断，不敢决策与行动，则会白白失去许多机会。

第二章

执行力从责任中来

执行力并不是天生的，它的动力本源来自于责任心。如果拥有一颗认真负责的心，执行力就已经拥有了一大半。

001

[责任心引领执行力]

没有责任心的执行力，就像是没有源头的水一样，是无法长久坚持执行的。责任心的强弱决定着执行是否到位。较强的责任心能够造就较强的执行力，反之亦然。

在 1968 年墨西哥奥运会中，一位来自非洲某国的马拉松选手在比赛的过程中不幸摔倒了，但是他爬起来仍旧坚持奔跑。等到他到奥运会赛场的时候，颁奖仪式都已经举行完了，但他还是坚持拖着那条伤腿一瘸一拐地跑到了终点。他的举动感动了全场观众。他对采访的记者说："我的国家从两万多公里之外送我来这里，不是让我来起跑的，而是让我完成比赛的。”

在这位运动员的理念中，他是代表着国家来比赛的，就算是伤痕累累与奖项无缘，但强烈的责任心也仍旧促使他完成比赛，跑到终点。

其实在工作也一样，执行任务，就像是一场马拉松比赛，最终的目的不是参与，而是要到达终点，就算这个过程比较吃力，就算遇到很多困难，也应该坚持下去。因为你做了选择，肩负了这个使命，你就必须承担起责任。

《致加西亚的信》讲了一位不负重托的送信人的故事。

1898 年，美国与西班牙交战，美国需要和西班牙反抗军首领加西亚将军联系，希望达成合作。但当时没人知道加西亚的联系地址。总统在做了慎重考虑后，决定将这个重大任务交给一位叫作罗文的年轻人。

罗文也不知道加西亚在什么地方，这个信要如何送到他手上。他知道自己面对的是一个几乎没希望完成的任务。但是他深深知道这个任务的重要性和紧迫性，没有选择，没有逃避，只能勇往无前。送信的过程是如此的艰难曲折，但罗文最终还是凭借着强烈的责任心和不怕困难的勇气，找到了加西亚将军，完美执行了这项生死命令。

强烈的使命感和责任心，会激发无限的潜力和勇气，这是执行时最有力的内心力量。

还有一个故事。

有一艘船在海上出事了，一个搭载顺风船的年轻人加上船长和六名水手挤在一条救生艇上，救生艇在海上漂了很多天，到第四天的时候还没有人来搭救，此时他们的食物和淡水都快用完了，就剩下小半瓶的淡水了。

他们八个人都死盯着那半瓶淡水，都想一口气将这些水喝下去，但是又忌惮船长手里的枪，没敢轻举妄动。船长心里明白，为了让大家能够在被救之前活下来，必须用枪守护着大家最后的一点希望——半瓶淡水。

后来船长实在撑不住了，就在他要昏过去时，将枪交给了那个年轻人，无力但坚定地嘱咐他说：“你要看好它。”

年轻人明白船长的意思，他接替了船长，开始守护那半瓶水。每隔一段时间，他就像船长一样给每人嘴里滴几滴。直到第七天，他们终于等来了营救的船只。

“船长将枪交到我手里的时候，我明白他给了我一种责任：自己不能独吞这半瓶水，因为这是大家唯一的希望。”年轻人在获救后说。

强大的责任心坚定着送信人罗文的军人信念；强大的责任心坚定着“看水”年轻人的勇气与定力；强大的责任心让不可能变成可能，把危机变为转机！

当你觉得自己是人才，是千里马，没有伯乐赏识，没有用武之地，为此你觉得不得志很郁闷的时候，这时不妨问自己一个问题：是我能力的原因吗?

企业在发展过程中，总有一些人会随着企业的发展沉淀下来，总会有一些人得到重用，这里面没有什么秘诀，就是责任心。

002

[责任心造就一流的执行力]

一流的执行力需要有一流的责任心来支撑，否则就算你去执行了，也很有可能因为工作中的疏忽或者考虑不周而导致最后的结果不够完美。所谓一流的责任心，就是凭借着高度的自觉和自愿来指导工作，交到自己手中的工作就应该认真去执行、细心去完成，最后确保其万无一失。

所以一件事情的好与坏，关键要看做这件事情的人是不是在用心做，是不是凭借着高度的责任心在做。当一个人高度负责认真做事的时候，他就可以将事情越做越好。

20 世纪 90 年代，为了发展海尔整体卫浴设施的生产，海尔集团派魏小娥前往日本，学习掌握世界最先进的整体卫浴生产技术。在学习期间，魏小娥发现，日本人试模期废品率一般都在 30% ~ 60%，设备调试正常后，废品率为 2%。

“为什么不把合格率提高到 100%？”魏小娥问日本的技术人员。

“100%？你觉得可能吗？”日本人反问。

从对话中，魏小娥意识到，不是日本人能力不行，而是思想上的桎梏使他们停滞于 2%。

作为一个海尔人，魏小娥的标准是 100%，即“要么不干，要干就要争第一”。她利用每一分每一秒的学习时间，几周后，带着先进的技术知识和赶超日本人的信念回到了海尔。

时隔半年，日本模具专家宫川先生来华访问见到了“徒弟”魏小娥，她此时已是卫浴分厂的厂长。面对着一尘不染的生产现场、操作熟练的员工和100%合格的产品，他惊呆了，反过来向徒弟请教问题：“我们一直在试图找到卫浴生产车间的卫生问题，但是效果都不是很理想，你们是如何做到的呢？对于我们而言，一直把报废率为2%看成是一种骄傲，你们居然可以让产品做到100%的合格，这是什么原因呢？”

面对昔日老师的这些提问，魏小娥只是回答了两个字：“用心。”

“用心”是两个字，说起来容易，做起来就难了。

原来，自打魏小娥担任了卫浴分厂的厂长之后，她就开始狠抓模具质量问题，处处都亲自把关，不放过任何细节问题。有一天，在试模前的检查时，魏小娥在原料中发现了一根头发，这根头发很有可能是从操作工人的头上掉下来的。魏小娥意识到，如果在模具中掺杂了一根头发，那么就很有可能报废几台机器，于是她立马给所有的工人配备了白色工作服和白色的工作帽，这样他们就把掉头发等问题解决了，也将报废的可能性扼杀在了萌芽状态。

就这样，在魏小娥的认真负责和严格监督下，他们杜绝了一个又一个产生报废的可能，最终将合格率做到了100%。被日本技术人员认为不可能的事情，魏小娥做到了，她用自己的行动证明了只要认真负责，任何事情都可以做到。

2%的责任得到了100%的落实，2%的可能被一一杜绝。

魏小娥讲的“用心”，就是责任心。如果每个企业中都有像魏小娥这样的把关者，每个员工都像魏小娥一样有责任心，企业何愁做不好。

003

[责任心不到位，执行力免谈]

要想执行到位，首先让你的责任心到位。责任心如果不能到位，自然无法让执行的工作做到位。

在古都南京，有一面始建于明朝的城墙。虽然历经几百年风雨，多次遭受破坏，但从整体上来看，仍然保持着基本的完整。如果你仔细观察，会发现用于建城墙的墙砖很有特色，砖块上刻有人名。这是为什么呢？

原来，为了让城墙的质量有保障，避免所谓的豆腐渣工程，朝廷要求在建造时将负责人的名字写在墙砖上面，包括烧砖的、砌墙的。这么做的原因，是为了方便对不合格墙砖进行责任人追究。就是这样严格的责任制度，最终确保了每一块墙砖的质量，从而奠定了城墙的整体质量。

工作中不可能每个人的责任心都一样，但科学的制度可以保证每个人的责任心都能体现出来，并且将每个人的责任心汇聚为整体的责任意识，从而保证工作结果的完美。

再来看海尔的例子。

我们都知道，医院住院病人的床边都会有一张小卡片，上面清楚写着病人的姓名、年龄、性别，患什么病，主治医生是谁，护士是谁。海尔集团内部也有一种类似于病历卡片的卡片，被称作海尔责任卡。

海尔的任何地方都有这种责任卡，每间屋子、设备甚至消防栓、椅子上面都有。在上面你可以看到记载着部门名、编号、责任人、复审人、责任范围、责任标准和考核文件的编号。比如说生产设备旁的卡片就记载着设备名称、操作员、责任人、使用和维护记录等内容。

在卡片上明确的责任人信息，让海尔内部形成了环环相扣的责任链，这种责任链的目的就是要将责任锁定，让责任链上的员工无法忽视和推脱自己的责任，最终做到“日事日毕，日清日高”的目标。

“日事日毕，日清日高”是海尔内部每个员工必须要做的事。他们每天都会对所有的工作进行检查，找到问题的责任人，然后落实清楚，员工才可以下班回家。有一次，在车间里发现了一枚螺丝钉，这说明某一台洗衣机上漏装螺丝了。于是这个车间里的所有员工主动留下来，将现场全部洗衣机拆开进行检查，直至检查出是哪一台出了问题。

海尔员工就是在这种责任制度的磨炼中，变得更加理解责任的真谛，更加用心做好每一件事情，每一项工作。正是这样的精神，成就了后来海尔的辉煌。

004

[责任心是完美工作的保证]

时下，很多人每天都在想办法寻求成功的捷径，他们不愿踏踏实实地去做好手头的工作，他们不努力、不用心地做事，凡事得过且过。

天下没有免费的午餐，职场上也不会有一步登天的奇迹。那些整天等着天上掉馅饼的人，只会渐渐丧失应有的责任心，让自己的工作效率越来越低。这样的人根本无法在工作中积累经验，更谈不上提升实力、取得成功了。

要想早日成功，必须有拿得出手的工作业绩。如果没有责任心、没有成绩，怎么可能在工作中得到机会呢？

石油大王洛克菲勒年轻的时候，曾经在一家小石油公司工作。石油公司的生产车间里有这样一道工序：装满石油的桶罐通过传送带输送至旋转台上以后，焊接剂从上方自动滴下，沿着盖子滴转一圈，然后焊接，最后下线入库。洛克菲勒的任务就是注视这道工序，查看生产线上的石油罐盖是否自动焊接封好。这是一份简单枯燥，甚至连小孩儿都能胜任的工作。

没几天，洛克菲勒就厌倦了这份没有挑战性的工作。他本来想辞职，但苦于一时找不到其他工作，只好继续坚持着。后来，他想，既然自己在做这份工作，就应该对这个岗位负责，把这个简单的任务做好。于是，他就认真地观察起这道工序来。他发现，每个罐子旋转一周的时候，焊接剂刚好滴落39滴，然后焊接工作就完成了。

几天后，洛克菲勒有了一个新的发现：焊接过程中有一道工序，其实并没有必要滴焊接剂，也就是说，只需要38滴焊接剂就能把工作完成。他认为自己有责任解决这个问题。

洛克菲勒经过反复的试验，发明了一种只需38滴油就可完成工作的焊接方法，并将这一做法推荐给了公司。负责人非常高兴，决定聘用洛克菲勒为这家公司的高管。很多人都非常不服气，他们认为那种只需38滴焊接剂就可完成工作的方法并没有什么出奇之处，别人也做得出来，为什么单单提拔洛克菲勒呢？

负责人认真地回答，这个工序上有很多员工，但是只有洛克菲勒一个人想到了要为公司节约这一滴焊接剂，这看似是一件小事，但是它反映了洛克菲勒有很强的责任心。更何况，别小看这一滴焊接剂，它每年能为公司节省5亿美元的开支！

任何企业都需要全心全意、尽职尽责的员工，因为只有尽职尽责，才能把工作做到完美。不管你从事什么样的工作，都应该尽职尽责，追求完美，这不仅是一个人的基本职场素养，也是人生成功的重要因素。

很多员工总是抱怨领导不给自己升职的机会，然而，当升迁机会真正来临时，他们却发现自己平时没有积蓄足够的学识与能力，以致不能胜任，只能眼睁睁地看着机会溜走，后悔莫及。

升职，意味着你可以站在更大的平台上，同时也意味着上司对你有更高的要求，你要承担更多的责任。

要升职，先升值。升值包括个人文化、工作经验、工作能力等各方面的提升。对于员工来说，只有自己有了价值，才能得到重用。因此，在工作中，每个人都要增强责任心，把手头上的工作做到完美，不断增强自己的竞争优势，这样才能脱颖而出，获得难得的升职机会。

责任心是完美工作的保险丝。有了责任心，才会对自己高标准、严要求，才能把工作做到精益求精。同时，在这个精益求精的工作过程中，我们才能展现自己的才华和能力，体现自己的责任心，凸显自己的个人价值。

在职场上，有些人因为出身卑微，或学历不高，或饱经挫折，就轻易否定自己，放弃了梦想。但也有一些人总在兢兢业业地做着他们该做的事，即使自己的职位非常卑微，也丝毫不会减弱对工作的热情，他们就像马丁·路德·金说的那样：“如果一个人是清洁工，那么他就应该像米开朗基罗绘画、贝多芬谱曲、莎士比亚写诗那样，以同样的心态来清扫街道。他的工作如此出色，以至天空和大地的居民都会对他注目赞美：瞧，这儿有一位伟大的清洁工，他的活儿干得真是无与伦比！”他们不会因为职务的卑微而轻视工作，只会不断地努力付出。有人觉得这种行为很傻，可事实上，在这个过程中努力工作的人提升了自己的价值，赢得了领导的赏识，一点点地朝着自己的理想靠近。

也许你感觉自己在工作中已经做得非常好了，但你是否真的已经竭尽全力把每件事情完成得尽善尽美了呢？当你想要偷懒、想要抱怨、想要放弃时，记得提醒自己：责任感是完美工作的保证，只有把工作做到完美，才能不负组织、不负自己。

005

[在责任心面前，没有值得抱怨的工作]

在职场中，总有一些人整天发着牢骚：

“我都来公司这么久了，一直得不到重用，干嘛还要尽心尽力。”

“努力工作又怎样？领导根本不在意。”

“这又不是我一个人的错，凭什么只扣我的奖金？”

……

这些人每天想着加薪、晋升，期望得到领导的器重，成为公司的顶梁柱，遗憾的是，他们整天只知道抱怨，却忘记了要努力工作。抱怨客观环境给他们的成长与晋升之路设置了障碍，而在抱怨背后，暴露的也正是他们自身最大的弱点：没有责任心！

这个世界上本来就没有完美的事物，工作也不可能都尽如人意。很多时候，问题并不是因为工作不好，而是人的心态不对。如果你总是抱怨客观环境，而不是发自内心地去重视工作，那你势必就会对工作感到厌烦，从而心生懈怠。

实际上，没有什么值得抱怨的工作，只有不负责的人。就算你从事的是最平凡的职业，如果你能够全力以赴、尽职尽责地努力工作，那么，你同样能成为一个不平庸的人。

炸薯条这种食品在17世纪的时候就已经风靡法国，当时美国驻法大使托马斯·杰斐逊非常喜爱这道菜，于是，他就把这个美食带到美国，并把炸薯条当作一道正式菜肴来招待客人。

当时，美国纽约的一家餐厅提供这种正宗的法国式炸薯条。这家餐厅地处当时的度假胜地，到那里就餐的都是一些有身份的人。乔治·柯兰姆是这家餐厅里的厨师，他一直都严格按照标准来制作薯条，结果，炸薯条这道菜很受客人的欢迎。

有一天，一群客人到乔治所在的餐厅就餐，其中有位客人非常挑剔，他一直抱怨薯条切得太粗，影响了他的胃口，因此拒绝付账。为了让这位富豪满意，乔治又重新做了一份炸薯条，这次，薯条切得细了一些。可是，那位客人仍然不满意，还是抱怨薯条太粗了。

周围的服务员都在埋怨那位客人不讲理，替乔治感到委屈。乔治心里自然也不高兴。不过，他是个有责任心的人，他认为既然自己是厨师，那就要让客人吃得满意，这是他的职责所在。

于是，乔治再一次回到了厨房，这次他将马铃薯切得很细很细，细到薯条一放进油锅就又酥又脆，这样的做法已经与正宗的法式炸薯条标准大相径庭了。不过，乔治心想，既然是客人要求这样做的，自己就应该满足他。

看到闪着淡黄色油光的薯条，客人非常满意。更有意思的是，其他的客人也纷纷要求乔治为他们制作这样的薯条。因为马铃薯需要手工削皮和切条，所以很考验厨师的刀工，一般的厨师不愿去做。但是，乔治本着对工作负责的态度，一一满足了客人们的要求。

自此之后，这种“超细”的薯条便很快风靡了起来。后来，乔治开了一家属于自己的餐厅，并将这种薯条作为餐厅的招牌菜品，这一举措使他赚了个盆满钵满。现在，细细的薯条成了世界上销售量最大的零食之一。

一个人是否具备责任感、是否具备强大的责任心，决定了他在工作中成就的大小、职场中地位的高低。不要总觉得工作处处不如意，抱怨是推卸责任的表现。抱怨之前，员工需要扪心自问一下：自己为这份工作付出了多少？是否一直都以高度的责任感来对待工作？有没有投入百分之百的努力？

职场人要明确一个认识：领导雇用你来担任某一个职位，或者安排你从事某项工作，他的目的不是听你发牢骚，诉说工作中有多少麻烦和困扰，他是请你来解决问题、创造价值的。想要获得组织的肯定，实现自我的价值，首先要做的就是收起你的抱怨，承担起你应负的责任，做个敢于担当有执行力的人。

第三章

执行力从态度中来

责任心是做好一切工作的基础。不过这还不够。从主观上来讲，一个人对待工作的态度，会影响他完成这项工作的效率与结果。比如有没有激情，遇到麻烦能不能乐观积极对待，对工作的专注力如何等等，都会对执行过程产生明显的影响。

001

[态度决定一切]

执行力是保质保量完成自己工作的能力。这种执行力取决于两种因素：执行者的工作能力和工作态度。一般情况下，能力只是一个基础，因为现在社会大家的知识水平相差无几，关键是要看在工作中的态度。

A和B都是名牌大学毕业的学生，他们毕业后到一家企业工作，原本以为领导会很看重他们，但令人失望的是，他们都被安排了很普通的工作。A开始在私下里埋怨领导，觉得自己没遇到伯乐，经常缺勤、迟到、早退，对交代的工作执行不力，自然结果差强人意。B虽然也不开心，但他及时调整心态，认识到自己还只是个新人，没有任何业绩可言，既然在这边上班了，就要对得起这份工作。于是收起抱怨之心，认真专注工作，对交代的事尽善尽美完成。

他们不同的表现，其实公司都看在眼里。暂且不说之前是不是领导通过这种方式来考察试探，但后期两人迥然的表现，说明了一切。很快，A 被解除合同，B 转为正式员工，而且被委以重任。

任何时候，如果你在工作中产生了消极思想，那么你最终只能收获平庸的结果；如果能够以积极的心态去工作，那么你会收到意想不到的成功。

“一旦你产生了一个简单的、坚定的想法，只要你不停地重复它，终会使之变成现实。”这是美国通用电气公司前总裁杰克·韦尔奇的话。这句话本质说的就是心态。一个人的心态可以决定他的工作状态，不同的心态可以带来不同的结果。

下面这个例子相信大家都听过。

两家鞋业公司为了开拓市场，经常会委派业务员到世界各地推销，同时，业务员还会将世界各地人们对于鞋子的要求信息反馈回来，厂里经改进鞋子后再销往这个地方。

这天，两家公司的业务员来到了赤道附近的一个小岛，岛上有很多居民，他们俩都想在这个岛上开展业务。

两位业务员在小岛上考察了一段时间之后，发现了一个问题：这是一个较为封闭的小岛，岛上的人和其他地方的人几乎没有联系，并且由于生活习俗，岛上的人从来都不穿鞋子，无论是冬天还是夏天，所以这个小岛上的人不知道世界上还有鞋这种东西。

A公司业务员看到这个情况之后，心里非常难受，他想他们连鞋子都不知道是什么东西，在这里是无法建立市场了。于是他放弃了在这个小岛上开展业务的想法，毫不犹豫的离开了这座海岛。

他给公司交上了自己的总结报告："这个小岛较为封闭，他们从来都不穿鞋子，所以在这里无法开展起鞋子推销的工作。”

B公司的业务员虽然看到了相同的事实，但是他的想法和做法就截然不同了。他认为这是一个非常好的市场，既然他们不知道鞋子是什么东西，那说明他们并不排斥鞋子，只不过是不知道而已，这意味着小岛就是一个潜在的鞋子市场。如果他尝试着让小岛居民穿上鞋子，感受到穿着鞋子的舒适，那每个居民只要买一双，他的业绩就做起来了。

心态正了，想法对了，执行力就来了。

B公司的业务员开始挨家挨户做宣传，告诉人们穿鞋子的好处，并且把他带来的鞋子样品送给有威望的居民。这些人穿上鞋子后，的确感觉比之前光着脚要舒服很多，走在路上没有了扎脚的情况。于是岛上居民开始争相买鞋子。

业务员把信息反馈给公司，公司立马行动生产了一批适合他们穿的鞋子，很快，他们的鞋子卖开了，最后B公司还在小岛上建立了制鞋厂。

心态决定状态。消极心态造就消极结果，积极心态成就积极结果。不同的心态，引起不同的感受和想法，不同的想法决定了看问题的角度。这些都是支持执行力的精神力量。就像这两个业务员，不同的观点、不同的行为代表着他们不同的心态，不同的思维方式和行动方式。

我们往往并不缺少聪明的、有能力的员工，但缺乏心态积极而且有正能量的员工。而这些是做好一切工作的基础。每个成员强烈的成功欲望和积极心态，会造就强大的执行力。这种执行力，毫无疑问决定着组织的成败。

002

[激情是行动的不竭力量]

激情是工作的精神“发动机”，它可以提高我们做事情的行动热情，可以增强我们克服困难的无畏心理。这种精神力量非常宝贵，如果你到一家企业，感受到的是员工身上这种抑制不住的工作热情，那可以肯定这家企业差不了。

微软公司对员工的要求有这么一条：

公司的每一位员工都要以饱满的激情投入到一天的工作中，坚信自己可以为科技的进步做出贡献，并且能够影响到千千万万人的生活。

微软的招聘官说过：“我们愿意聘用的员工都是非常有激情的人，他们要对公司有激情、对自己的工作有激情、对技术有激情，我们的观念认为，只有有激情的人才能够为企业的发展做出巨大贡献。”

对于激情，柳传志也曾经说：“没有工作激情的员工一般不会高质量地完成工作，更不要说让他们创造业绩了。只有那些对自己的工作和愿望有着强烈渴望的人，才能够通过努力将这些变成现实。”

不仅如此，有激情的人还能够感染身边的人，让他们也感受到工作的快乐和克服困难带来的满足感，每个人的变化最终促成整个集体的改变，使工作风气焕然一新。

小黄是一个对工作缺乏激情的人，每天总是一副无精打采的样子，做任何事情都无法提起兴趣，在他的眼里，上班就是一个痛苦的煎熬。工作两年，虽然没有什么大的纰漏，但是业绩平平，在公司中是一个可有可无的人。但是，他的这种工作状态慢慢开始影响到其他人了。最终老板忍无可忍，炒了他的鱿鱼。

和小黄一起入职的小陈，工作状态却有着天壤之别。他乐观，做事充满自信，遇到了问题，积极主动想办法解决，同事有什么需要帮助的，他二话不说就参与。他的这种工作状态让同事们都很喜欢和他合作，老板也看在眼里，很快就对小陈委以重任。

不少人会认为，想要成就一番事业，就需要有一个高的起点和一个高的平台，一旦自己的工作条件不好，或者工作环境一般的时候，他就会在抱怨中浪费时间和虚度年华。很多反面和正面的例子告诉我们，激情是工作的灵魂，如果丧失了激情，就好比一个人没有了灵魂。

激情属于精神层面的东西，看起来似乎虚无缥缈。如何来培养和激发激情呢？美国著名激励大师博西·崔恩的建议可以参考：

第一，走出一个误区。很多人认为对工作感兴趣了，才会对这份工作充满激情。工作兴趣对我们是很重要，但是工作的兴趣是可以逐渐培养的，我们只有在充满激情的工作中工作，才会慢慢发现自己原来对工作很感兴趣。

第二，将自己的工作看成自己的事业去做。不同的人对待自己的工作有不同的态度，有些人将其看成是一种差事在做，有些人则将其看作事业来做，自然结果也不一样。前者很难长期对工作有激情，而后者则会让你感觉自己的工作是一份非常有价值、有意义的个人事业，做得好不好，直接决定自己的未来。

第三，在工作中不断给自己制定新的目标。只有树立了新目标，工作中才会有方向，才会有动力，才能始终如一保持自己的工作激情。

第四，多和有激情的人在一起。激情是一种可以传递、可以感染的东西，我们如果能够经常和有激情的人在一起，那么自己也就变得有激情起来。

第五，懂得如何释放自己的压力。工作中有压力是很正常的事情，我们要懂得管理这些压力，并且释放压力，工作中时刻保持一份轻松的心情，工作的激情也会慢慢点燃。

第六，工作中不能有自满的情绪。在工作中容易自满的人，对自己现在的成绩产生满足感，这种感觉会很容易扼杀自己的激情，只有在工作中不断进取，才会让自己更上一层楼，激情也就不会丧失。

003

[主动去做还是被动去做]

钢铁大王卡耐基说："世界上有两种人，他们终生一事无成。一种是别人逼着他才会去做，要不然绝对不会主动；另一种是即使别人要求了他，他也无法完成工作。那些不要别人催促就能够主动担当并且行动的人，只要他们能够坚持下去，必定会取得成功。"

成功学家拿破仑·希尔也说："工作的美德之一就是主动执行，这能够让一个人在受到吩咐之前就主动去完成某项工作，这个世界更愿意看到那些主动工作、不找借口的人。”

在实际工作中，不要被动地等待别人告诉你应该怎么做，而是要主动去了解自己应该做什么，并且积极规划，然后努力去执行完成。打个比方，对待工作，就需要像母亲对待自己的孩子一样，要有责任心，要有爱心，全身心全部投入其中，还有什么目标是无法达成的呢?

对于企业来讲，主动性是一名员工是否优秀的考察要素。结果如何暂且不说，如果连主动性都不具备，这样的员工是不称职的，更不可能被组织器重。

董明珠刚到格力空调的时候，只是最底层的一名销售人员，当时她被派到某地开展业务，之前当地经销商压着一大笔货款不给。本来这事和她没有关系，公司也没把收款这个难题交付给她，对她的要求，只是开拓市场而已。

但董明珠并不这样认为，她觉得自己是公司的一部分，是有责任帮助公司要回这笔钱的。于是她就和这家经销商接触，想尽办法，费尽口舌，其中的难处也许只有董明珠自己知道。经过几个月的努力，这家经销商终于妥协，董明珠要回了这笔欠款。

经过这件事，公司上下对董明珠刮目相看，所有人都折服于她的工作能力和工作态度。很快，董明珠就从一个普通的销售人员走上了格力的重要岗位，为企业做出了越来越大的贡献。

董明珠的成功不是偶然。从基层到高层，从平凡的岗位到创造非凡的成就，她的这种精神，成就了她，也成就了格力当下的荣耀。

在所有执行力的要素中，积极主动是不可或缺的。想要让自己成为一个优秀的人才，就必须具备这种积极主动的态度，拥有积极主动执行的能力。

004

[坚持学习才能与时俱进]

在工作中，我们都应当自觉地学习新知识、掌握新技术，不断提升个人的工作能力和执行能力，让自己更轻松地面对复杂的局面，解决工作中出现的各种新问题，才能胜任岗位的新变化和新要求，为组织做出长期的贡献。

卡莉·费奥莉娜是惠普公司前董事长兼首席执行官，杰出的商界领导者。她和董明珠一样，都是从基层成长起来的。成就她的根本，就是永不懈怠的学习力。不管在任何岗位上，卡莉·费奥莉娜都会以最大的热情学习新知识和新技能。她善于总结经验，善于以新知识新理念，来适应和应对新环境与层出不穷的变化，保证自己和企业能紧跟时代的步伐。

在惠普，并不是只有卡莉·费奥莉娜在工作中不断学习，惠普有激励员工学习的机制，惠普的员工经常在一起相互交流学习，相互了解对方和整个公司的动态，了解业界的新动向。

在竞争激烈的职场，如果你不愿意主动“充电”，不断提高自己的能力，你随时都有可能被淘汰。在工作中每天都会遇到新情况，遇到新挑战，只有不断学习和总结，才能在不断解决问题的过程中收获知识、技能和信心，工作能力和行动力才能得到大幅度的提高。

学习是改变普通人命运最好的方式，是你可以完全把控的行为。当你看到那些比你优秀还比你更努力的人时，你就应该问问自己：我还有不努力的理由吗？即使成功如李嘉诚，他也在说：“我的成功靠什么？就是靠学习，不断地学习。”

“活到老，学到老”这句古训应该成为我们提升自己的座右铭。在职场中生存，你可以没有高学历，也可以在工作之初没有出色的能力，但是，你绝不能没有进取心，绝不能贪图安逸、不思进取。因为学历和经历仅仅代表过去，唯有不断学习进步，才能赢得更好的未来。

第四章

执行力
从服从中来

古人有言：“文武之道，一张一弛”，这句话说的是古代贤明君主治理国家的方略。对于当代企业的领导者和管理者来说，应该学习和活用这样的经验，在具体的工作中让下属感到赏罚分明，从而心服口服地贯彻执行。

001

[物质奖励提高执行积极性]

在现代企业管理工作中，对于员工给予一定的物质奖励尤其重要。为什么要进行物质奖励呢？很明显，企业对员工的奖励是以约束其按照组织经济绩效最大化的原则为目的，最终还是为了企业的长远发展。也就是说，企业对员工进行奖励是有目的性、有针对性的，最终是希望员工能以企业组织所设想的方式行事。企业的奖励政策与企业规章制度构成了一个渠道，员工在这个渠道内去通达企业组织目标及其个人目标。因此，可以说奖励的目的在于激发员工的干劲，最终服务于企业的绩效。

瑞蚨祥是一家北京的老字号，其创始人叫孟鸿升。由于瑞蚨祥百年以来始终坚持“至诚至上、货真价实、言不二价、童叟无欺”的经营宗旨，赢得了消费者的信赖，最终成为一个享誉海内外的中华老字号。瑞蚨祥的成功自然与老板的经营分不开，但是孟鸿升善于应用物质奖励来鼓励员工也是一个重要的原因。孟鸿升运用物质利益激发员工的工作积极性，方式主要有两种：一是红利均沾，二是入股合伙制。对于没有资本的员工，采取年底分红的方式；对于有本钱的员工，采取入股合伙的方式。

对有功劳者，孟鸿升特设一种类似于现在的股票的东西，每年从赢利中抽出一份特别红利，专门奖给对瑞蚨祥有贡献的人。这种股份是永久性的，一直可以拿到本人去世。有一次，瑞蚨祥对面的一排商店失火，火势迅速蔓延，眼看就要扑向瑞蚨祥门前的两块金字招牌。一个名叫吴思的伙计毫不犹豫地用一桶冷水将全身淋湿，快速冲进火场，抢出招牌，他的头发、眉毛都让火烧掉了。孟鸿升闻讯，立即当众宣布给吴思一份功劳股。这个事件对其他伙计的鼓励很大，从此以后，他们对瑞蚨祥的事业更加兢兢业业。

企业的管理者都应该注意到物质奖励的重要性，但是同时也应该警惕，给予下属不合理的物质奖励不但不会有助于工作而且还会适得其反，甚至使工作更糟。

原因就在于奖励变成了另一种形式的惩罚。当企业的奖励金额变得越来越低，奖励的标准变得越来越高，奖励就成为了一种惩罚。这个时候员工会用自己的形式来进行对抗和保护，例如降低产量和减少业务成交量。奖励的作用是激励，而不应当成为一种惩罚，因此在进行奖励计划设计时一定要注意这一点。

要明确一个观点：任何矛盾的产生都是源于利益的冲突。利益是驱动人们采取某些行为方式的一种力量，因此利益的分配、再分配会使团队中的关系变得复杂。有这样一个案例：一个销售企业的管理者为了使部门内有一种竞争环境，决定在部门内实行竞争管理模式，每个月对销售量最高的人员进行额外的奖励。过去在部门内，由于没有这种竞争模式，大家是一个整体，也乐于互相帮助。但是采取了额外的奖励措施后，当有人向团队内的其他人进行求助时，很多人会以种种理由躲避。例如，因为大家都知道如果客户给销售人员打电话，就意味着合同基本可以签订下来了。由于奖励变成竞争，当某位销售人员的客户打来电话，而这位销售人员恰好不在，那么大家都会选择隐瞒而不会转告他。由此引发的公司客户流失、企业形象受损等情况十分严重。更有甚者，去偷取其他人员的客户资料，甚至在客户面前诋毁自己公司的其他销售人员。这些都是由于奖励造成了一种竞争，而竞争最后又演变成了一种矛盾，这种奖励措施适得其反，带来了很坏的效果。

002

[精神奖励得人心]

对于一个优秀的企业管理者来说，发奖金当然是年末必做的事情，但是仅靠金钱上的鼓励并不能真正起到鼓舞人心的作用，也无法完美地体现公司的企业文化，只有达到物质奖励和精神鼓励的平衡，员工才会完全信服、全心全意地为企业努力效劳。

在企业组织里，如何调动员工的积极性，给予他们精神奖励有很多方法。首先要做的是经常表扬员工，满足他们的自尊心。尤其是需要当众表扬，或者单独对员工口头称赞。背后称赞员工由别人传到被表扬者的耳里，这也是一个有效的方法。

美国的JAVE公司是硅谷一家著名的高科技公司，这家公司为我们树立了一个好的榜样。

为了充分调动员工的积极性，JAVE公司将物质奖励和精神奖励相结合，从而使员工将自己的切身利益与整个公司的荣辱联系在一起，最大程度地发挥了员工的积极性。该公司有时还会做出一些出人意料的决定，以增强公司的凝聚力。如果一个员工的名片上有蓝颜色镀金边的盾牌，同时上边还印着一行烫金的字：国际商用机器公司，25年的忠诚。这就巧妙地告诉你，公司感激你25年来的努力工作，员工拿着这张名片，可以同认识他的每一个朋友分享这一荣誉。JAVE公司有个惯例，就是为工作成绩列入前100名的销售人员举行隆重的庆祝活动，而排在前10的销售人员还会荣获金圈奖。

为了体现这项活动的重要性，选择举办联欢会的地点也很讲究，例如到具有异国情调的夏威夷举行。1986年一个著名电视制片人参加了该公司金圈奖颁奖活动，他说由于公司重视，他们组织的这个活动具有很高的水平，当然，对于那些有幸获得金圈奖的人来说，就更有荣耀感了。有几个金圈奖获得者在他们过去的工作中多次获得这个奖项，因而在颁奖活动期间，分几次放映有关他们本人及家庭的纪录影片，每人约占5分钟，影片质量与制片厂的质量不相上下。颁奖活动的所有动人情景难以用语言描述，特别应指出的是，公司的高层领导自始至终参加，这更能激起人们的热情和荣誉感。

对于公司来说，这件事做起来并不难，但是它在员工的心目中激起的感情波澜却是巨大的，由此可见，JAVE公司在给予员工精神鼓励方面显然很有经验。

物质奖励是满足员工的物质需要，精神奖励是给员工以精神上的动力，满足其心理动因的需要。两者相比，后者有时候发挥的作用往往更大，将二者结合起来，必能相得益彰，发挥神奇的作用。

003

[“胡萝卜”加“大棒”]

对一个企业管理者来说，在企业中要学会扮演母亲在家庭中的角色，要具备慈母的手、慈母的心，对部属和员工要维护和关爱。因为他们是你的同路人，你们有着共同的目标，在某种程度上他们甚至是你的依靠。只有扮演好母亲的角色，才能团结他们，发挥最大的执行动力，达到目标。

但是，企业管理者又不应该只是一个“母亲”，他还必须学会做一个“父亲”。在关爱下属的同时，对于他们的错误却不可姑息，必要时还要采用严厉的手段。这种严厉是人类的基本特性，韩非子曾经说过“慈母有败子”。有些人不需要别人的监督和责骂就能自觉自发地做好工作，不出差错，但是大多数人都喜欢挑轻松的工作、拣便宜的事情做，只有别人随时督促，给他压力，才会谨慎做事。对这种人要严加管教，不可放松。当下属失职时，不能放在一边，视而不见，否则会纵容其犯错；对于下属的失职，要给予严厉的训示，让他认识到错误给企业带来的危害，这样才能保证以后不再犯错。想让下属认真、积极主动地工作，就要给他们一个驱动力，就像汽车要加汽油来驱动一样，企业管理者可以用利益加精神鼓励来驱动下属。

索尼公司是一家世界知名的企业，靠生产电子产品起家，随身听是该公司的重要产品。一次，公司一家分厂的产品出了问题，这些产品是销到东南亚的，总公司不断收到来自东南亚的投诉。后经调查，发现原来是这种随身听的包装出了些问题，并不影响内在质量，分厂立即更换了包装，解决了问题。

可是索尼集团董事长盛田昭夫仍然不放过此事，他将负有责任的经理叫到公司的董事会议上，对其进行了严厉的批评，要求全公司以此为戒。经理在索尼公司干了几十年，第一次在众人面前受到如此严厉的批评，难堪尴尬之余，禁不住痛哭失声。盛田昭夫的盛怒让其他董事都觉得他太过分了，其他的公司负责人也感到很害怕。

会后，这位经理开始考虑着辞职准备提前退休，可是董事长的秘书走过来，盛情邀请他一起去喝酒，这位经理自然是恭敬不如从命，两人走进一家酒吧。秘书向他说道："董事长一点也没有忘记你为公司做的贡献，今天的事情也是出于无奈。会后，他担心你为这事伤心，特地让我请你喝酒，向你赔礼道歉。"

接着秘书又说了一些安慰的话，经理非常不平衡的心态开始有所缓和。喝完酒，秘书陪着这位经理回家。刚进家门，妻子就迎上来对丈夫说："我们很高兴你是受总公司重视的人！"

经理听了感觉非常奇怪，难道妻子也来讽刺自己？这时，妻子拿来一束鲜花和一封贺卡说："今天是我们结婚二十周年的日子。"在日本，员工拼命为公司干活，像生日以及结婚纪念日这样的事情通常都是不足为道的小事。但索尼公司的人事机构对职员的生日、结婚纪念日都有记录，每当遇到这样的日子，公司都会为员工准备一些鲜花礼品。只不过今年有些特别，这束鲜花是盛田昭夫特意订购的，并附上了一张他亲手写的贺卡，以勉励这位经理继续为公司竭尽全力。

盛田昭夫不愧是恩威并重的高手，为了总公司的利益，他不能有丝毫的宽恕，但考虑到这位经理是老员工，而且在生产经营上确实是一把好手，为了不打击他工作的积极性，便采用这样的方式表达一定的歉意。

004

[威信的力量]

作为一个管理者，你首先应该明白，从人格角度和自然人角度来说，你和你的员工之间是平等的，没有高低贵贱之分，从这个意义讲，你是毫无特权可言的。甚至你手中“赏罚”的权力，都必须得到员工的认可，所以作为老板的你对于员工有炒鱿鱼的权利，员工也可以抛弃你另寻高就，当员工炒你的“鱿鱼”时，你会发现一切的“赏罚”都变得毫无意义。那么，你用什么来体现自己的意图，让员工心服口服听从你呢?

1543 年一艘满载乘客的西班牙客船“英格丽”号

驶往美洲，但不幸的是在一天夜里，它撞到了冰山，把侧舷撞了个大窟窿，船迅速下沉。眼看大事不妙，人们顿时惊慌失措地拥向甲板。这时，船长惠灵顿镇静地站在指挥台上说：“大家安静，为了我们能安全离开，你们要听从我的命令！把救生艇放下去，妇女先走，其他乘客跟上，船员断后，必须把所有人救出去！”船长威严的声音稳定了人们的情绪，当大副报告“再有20分钟船将沉没海底”时，他微微地笑了一下，并再一次命令：“时间足够，大家要有秩序，如果哪个男人敢抢在女人的前面，那就一枪崩了他。”于是，没有一个男人抢在女人前面，一切都进行得井然有序。很显然，在生死关头，人们是不大会服从船长的“权力”的，而正是船长以其高尚的人格所树立的威信而使局面得以控制。因为在他要抢救的60人中，竟把自己排除在外！他自己一个手势没做，一句话没说，随船沉入了大海。这就是“权力”所无法比拟的威信的力量。

威信是一种客观存在的社会心理现象，是一种使人甘愿接受对方影响的心理因素。优秀的领导都应该以树立威信为自己的行为目标。实践表明，当一个组织的行政领袖和精神领袖重合时，那么这个组织的战斗力将得到最大的发挥；当二者不同时，组织中的普通人员更倾向于行政领袖，优秀人员更倾向于精神领袖。相对于权力，威信是一种软实力。从某种程度上说，权力是既定的、外在的、带有强制性的，而威信则来自于下属的一种自觉倾向。你可以强制下属承认你的权力，但却无法强制下属承认你的威信。

005

[当严必严，以儆效尤]

“治乱世，用重典；治乱军，用严刑”。孔明挥泪斩马谡时说：“昔孙武所以能制胜天下者，用法明也，今四方纷争，兵交方始。若废法何以讨贼，不明正军律何以服众？”这就是平乱与治乱的策略，是“杀鸡儆猴”的妙用，“杀鸡儆猴”的意义就在此。

在企业管理中，作为一个管理者，经常会遇到种种复杂的情况，有时候，属下犯的错误非常严重，你必须执行某种形式的惩罚，此时就不要犹豫。拖得越久，对你和应该受惩罚的人来说，日子会更难过，也越容易使别人误解你的惩罚不公平。

所谓“杀鸡儆猴”，即是“杀一儆百”。在意见纷纭、工作受阻时，为使步骤整齐划一，法令贯彻执行，一定要用严厉手段对付不可，这是所谓“不以霹雳手段，怎显菩萨心肠”的解释。

姜太公帮助周文王灭了商纣，周朝立基之后，要罗致一批人才为国家效力，但是姜太公治理周朝的路并不是一帆风顺。在齐国有一位贤人狂橘，很为地方人士推重。姜太公慕名，想请他出来做事，但拜访了三次，都吃了闭门羹。

姜太公一怒之下把他杀了，周公想救也来不及了，问姜太公：“狂橘是一位贤人，不求富贵显达，自己掘井而饮，耕田而食，正所谓隐者无累于世，为什么把他杀了？”

姜太公说：“四海之内，莫非王土，率土之滨，莫非王臣。在天下大定之时，人人应为国家出力。只有两个立场，不是拥护就是反对，绝不容有犹豫或中立思想存在，以狂橘这种不合作态度，如果人人学他样，那还有什么可用之民，可纳之饷呢？所以把他杀了，目的在以儆效尤！”

果然经此一杀，想杯葛周朝的人都不敢再自鸣清高了。

四川武侯祠中有一段归纳诸葛亮功绩的话：“不审势即宽严皆误，后来治蜀要深思”。作为组织负责人，就得学习诸葛亮这种在关键时刻当严必严的作风。

006

[执行力要靠纪律来保驾护航]

执行力与纪律性联系紧密。纪律是保证执行力的先决条件，中国最早的兵书《孙子兵法》中讲：“兵行从纪律，敌溃自奔忙，无一纪律，虽百万之师，无一有用。”

纪律是战役成功的关键，军队的执行力来自于绝对的服从性和严密的纪律性。对于企业来讲，本质也是如此。

对企业来讲，纪律是严格遵守各项规章制度，贯彻各种会议决议，执行公司制订的预算、计划、通知，这是所有员工必须履行的职责。

还有，纪律表现在服从，下级服从上级、部门服从公司、公司服从集团。令行禁止，决定的事和布置的工作必须有反应、有落实、有结果、有答复。

当然，对于个体来讲，自律是纪律的重要组成部分。管理层必须带头遵守有形的规章制度和无形的企业文化，任何领导、员工都不得将个人、亲属、朋友、小团体的利益凌驾于整体利益之上。从学习规则，遵守纪律，树立纪律意识，刻意使自己的行为服从于纪律，到自觉把纪律变成自己的习惯，最后做到"随心所欲不逾矩"。

喜欢足球的朋友们都知道，德国国家足球队是一支世界传统强队，他们以作风顽强著称，屡屡上演精彩的逆转翻盘。背后的原因，除了他们决不放弃、顽强到底的作风外，更重要的是他们对团队纪律和教练战术的无条件服从与遵守，坚决贯彻执行赛前的技战术方针，不轻易动摇，保持一如既往的运动状态。

总而言之，看一个组织有没有战斗力，就看全体成员对纪律的遵从程度。所以，要想培养出一支能征善战的队伍，首先就要抓好这支队伍的纪律建设，严明纪律，严格遵守，最大程度保证执行力不偏差、不断档。

第五章

执行力 从策略中来

有些人虽然是“工作狂”，但整天都在瞎忙，并没有忙到点子上，常常是忙中出乱，忙中出错，忙而无果，变成了“迷茫”。工作执行如果没有良好的方法，就会浪费许多力气，甚至让我们离目标越来越远。

001

[明确真正的目标]

如果不明白任务的含义，不明白任务的结果要求，那么，执行就很难收到应有的效果。执行力决定竞争力，增强执行力，才能提高竞争力，而拥有了完美的执行力，就意味着你在职场上离成功又近了一步。

有一位记者曾去采访美国财务顾问协会的前总裁刘易斯·沃克。见面之后，沃克首先问记者:“你的目标是什么?”这位记者回答:“我希望有一天可以拥有一栋某座山上的漂亮小屋。”沃克不置可否。然后，记者问沃克一个人不成功的主要因素是什么，沃克回答:“模糊不清的目标。”

“什么样的目标算是模糊不清呢？”记者请沃克做进一步的解释，沃克说：“刚才你说的那个就是模糊不清的目标。问题就在你所希望的‘有一天’不够明确。有一天可以是明天，也可以是一年以后，还可能是20年以后。因为目标不够明确，你就不知道应该怎样去具体地实现它，所以，你成功的机会也就不会大。”

记者又问，那怎么样才算是目标明确呢？

沃克告诉他，如果真的希望在山上买一栋小屋，就必须先找到那座山实地考察，咨询一下专业人员那间小屋现在值多少钱，然后考虑通货膨胀等因素，计算出若干年后这栋房子值多少钱。这样才能知道自己为了达到这个目标每个月要存多少钱，并为存钱做好收支计划。

沃克说：“如果你这么做了，你可能在不久的将来就会拥有山上的那栋小屋，这才是明确的目标。但你如果只是空泛地说说，梦想就可能不会实现。梦想总是令人愉快的，但是，没有明确实现这个梦想所需的时间、金钱等目标，所谓梦想也只是妄想罢了。”

记者恍然大悟：“要实现一个目标，应该首先要明确它，而不是只有一个模糊不清的概念，否则，执行起来就会盲目不清。”

在工作中，有些人往往并不清楚领导交给他任务的目的。比如说，领导要求给某公司发一个传真，很多人就跑到传真机那里，发了传真就完事了。可以说，大部分人就是这么干的，但是，领导下派任务的真正目的是让你简单做出发传真这个行为吗？

如果仔细想想我们就会发现，领导要你做的其实是保证这份传真到达对方公司，或者是对方公司的某个特定的人手里。因此，发完传真以后，其实我们还有工作要做，我们要确认传真是不是被对方收到了。如果领导指定发给对方的某个人，我们还要向他本人确定一下。确保传真传到了应该到达的地方，才是这个任务的真正目标。

同时，明确的目标会带给你激情的火花，它就像成功的助推器，使你看清楚自己想要到达什么地方。当你把这项任务完成时，你会获得一种成就感。

比尔是一家宾馆的领导，他以“懒惰”著称，制订了公司的发展规划以后，他就当起了甩手掌柜。他给员工们制定了明确的任务，比如说琳达负责保持餐桌的干净整洁，汤姆负责停车场的保安工作等，凡是能吩咐给手下干的事情，他绝不亲自去做。因此，虽然宾馆的业务非常繁忙，他却整天很悠闲。

有一年圣诞节前夕，他让宾馆中的员工选出 10 名最懒惰的员工。评选结果出来后，那些当选最懒惰员工的人都惴惴不安。然后，他通知那 10 名最懒惰的员工到办公室，这些员工原以为领导会炒掉他们。但是，结果令他们非常吃惊，一进门，比尔对他们说：“恭喜各位被评选为本宾馆最优秀的员工。”比尔站起身给他们每人发了一个红包。看着他们一个个目瞪口呆的表情，比尔招呼他们坐下，微笑着解释了奖励他们的原因。他们被评选为“懒惰者”的表现是：总是一次就把所有的餐具都放到餐桌上，不会为此来回奔走；习惯于一次就把客人的房间收拾干净，而不会等待客人催促；一次就把客人的车停好，讨厌在停车场绕来绕去，这些行为在别人眼里就是在偷懒。

比尔说：“但依我看，最优秀的员工全无例外都是‘懒汉’，因为他们明确地知道怎样最直接最省力地把我交代的任务做到位，你们‘懒’的连一个多余的动作都不想去做。那些勤快的员工，有的却是忙不到点子上，送一桌餐具都要跑好几趟，这样看着是很勤快，但实际上却是劳动力资源的浪费。”

一个优秀的人，一定是关注结果、明确自己任务要达到目标的人，这样的人在工作的时候才能“走直线”，直达目标，把时间和精力用在完成目标上，而不是看着很“勤快”、很“忙碌”，实际却忙不到点子上，费时费力却做了一些吃力不讨好的事情。

因此，要想提高效率，我们就要明确任务的目标，不要被任务的“表面”所迷惑，要看到任务背后真正指向的“结果”。

002

[三分苦干，七分巧干]

有一次，爱默生和他的儿子想把一头牛牵回牛棚，可是他们两个人一个在后面推，一个在前面拉，吃奶的力气都用上了，还是没能让那头倔强的牛迈出一步。父子俩很是无奈。这一幕被一个女佣看见了，她说她可以让这头牛乖乖地听话。只见她拿出一把青草给这头牛吃，牛一边津津有味地吃着草，一边一步步地跟着女佣往前走。就这样，女佣轻易地把牛牵回了牛棚。

讲这个故事是想告诉大家什么呢？在企业里，大家都喜欢埋头苦干的“老黄牛”。的确，勤奋肯干是员工必须要具备的素质，也是通向成功不可或缺的条件之一。但是，做什么事情都要讲方法技巧，就像女佣利用青草来引诱牛往前走一样，如果有省时省力效果好的办法可以用，何乐而不为呢？

在执行过程中，要苦干加巧干，而不是一味地低头蛮干；要善于找方法，发现解决问题的捷径，提高工作效率。

乔·吉拉德有“销售之王”的美称，可是，在35岁以前，乔·吉拉德却是个彻头彻尾的“失败者”。他曾经做过洗碗工、送货员、电炉装配工等40多种工作，最后，他进入了销售行业。乔·吉拉德在刚进入推销行业的时候，因为患有严重的口吃，所以连话都说不利索。尽管他一年打出了2000多个电话，平均每周打40个电话，但是，他却连一件产品都卖不出去。

为了取得业绩上的突破，他分析了公司的销售图表，发现公司80％的收益是由20％的客户所带来的，这就是我们现在熟知的二八定律。而他却在每一个客户身上都花了相同的时间，也就是说他付出的时间有80％相当于是被浪费掉了。

此后，乔·吉拉德采取了有针对性的苦干加巧干的措施，他把所打的电话都记在卡片上，接下来，他根据卡片的内容安排下次的话题，列出那些潜在的重点客户，并且将自己的精力和时间都集中在最有希望的那20%的客户上。

坚持一段时间后，他的工作效率大大提高了，他的业绩也迅速地好转起来。

就是凭借着苦干加巧干的工作方法，乔·吉拉德在15年中共销售了13001辆汽车。他连续12年保持着平均每天销售6辆车的纪录，至今无人能够突破。

乔·吉拉德开始的时候不可谓不努力，他患有口吃，还非常勤奋地打电话推销产品，付出了很多劳动，但实际却收效甚微。庆幸的是，他及时反思了自己的工作方法，认识到了自己工作毫无成果的原因：自己对所有的客户都使用了相同的时间，结果是对劳动力的极大浪费，是一种蛮干，而不是巧干。本来有 80% 的客户其实不需要投入那么多的精力，只要 20% 的精力就可以了，真正能产生效益的那 20% 的少数客户，才需要花费 80% 的精力去对待。于是，他改变了自己的工作方法，用更多的精力去为那些 20% 的客户服务，促使他取得了很好的销售业绩。

条条大路通罗马，完成工作的方法肯定不止一种，我们要找到那条最省力、效果最好的路，让我们的付出得到相应的回报。许多领导在用人时都要考察员工解决问题的能力，只知道蛮干的员工整日勤勤恳恳、任劳任怨，但由于太按部就班，他们也就无法在人才济济的职场上出人头地。

阿普顿是位出身名门的高才生，他曾经担任发明大王爱迪生的助手。

有一次，爱迪生让阿普顿测量一个梨形灯泡的容积，他急着要用到这个数据。

阿普顿接过灯泡后，先用标尺测量，但是，灯泡的形状很不规则，所以，用标尺无法准确测量出它的体积。然后，阿普顿又套用一些复杂的数学公式去计算。好几个小时过去了，他还是没有得出结果来，拿着灯泡在那里干着急。

这时候，爱迪生走了过来。他拿起灯泡，往里面注满水，然后递给助手说："你去把灯泡里的水倒入量杯，就会得出我们所需要的答案。"

此时，阿普顿才恍然大悟。自己先前忙碌的几个小时完全是白费力气，他压根没有忙到点子上。

其实工作中的很多事情都不需要我们累死累活地蛮干。有时候，只要我们换个角度思考一下，就能得到更简便快捷而且有效的解决方法。工作需要勤奋，但是勤奋的最终目的还是要执行到位、解决问题，如果汗流浃背地干了很久还没有做出成果，那其实是对

人力资源的浪费，是对自己和领导的不负责任，是执行力偏低的表现。

要想执行有方，不浪费宝贵的精力和时间，我们就要养成爱思考、爱创新的工作习惯。只要寻找科学的方式方法，我们就一定能提高工作效率，不浪费力气，做一个执行有方的员工。

在职场中，能够做出瞩目成绩、站在金字塔顶端的只是少数人。这些人工作勤奋，但他们不是只知道埋头蛮干的“工蚁”，而是用有限的精力和时间做出了最大的效益。

003

[主次统筹，牵牛要牵牛鼻子]

养过牛的人都知道，牵牛要牵牛鼻子，为什么呢？远古时代，牛的野性很大，靠着一身蛮力和头上的两只角耍起横来，谁都制服不了。人们试过很多方法，绑住蹄子不行，拽住尾巴也不行，最后才发现牛鼻子是它最关键的地方。只要牵住了牛鼻子，牛就乖乖地向前走。也就是说，抓住了关键地方，就能解决问题。

在工作中也是如此。很多时候一件事情千头万绪，尤其是现在社会分工非常精细，遇到大一点的工程更是纷繁复杂。如何在看似杂乱无章的工作“迷宫”中提高效率，发挥自己的执行力优势呢？这就需要我们善于分清主次，找到关键。

何远毕业于一所名牌大学工程建筑专业，并且以优异的成绩获得了学位。他毕业后就进入了当地一家很有名气的房地产开发企业，并很快受到了重用，公司派他负责一个小型工地。

工作了一段时间以后，他很苦恼。自己每天早起晚睡，甚至通宵加班，总是有忙不完的工作。大到工程进度的监督，小到工地上水泥的质量问题，都需要他处理，他感觉自己就是“铁人”也要累垮了。

何远觉得自己已经非常努力了，但是，项目还是经常出现这样那样的问题。是不是自己的能力不够呢？看到那些负责大项目的同事做得游刃有余，他非常羡慕。为什么别人能做得那么轻松愉快，自己累死累活却总有干不完的活呢？他非常不解。

何远后来请教了业内的一位前辈，那位前辈详细地询问了他的工作方法，最后告诉何远，他的方法是行不通的。按照他那种干法，再加一个人也干不好。前辈告诉他，工程的材料供应有专门的检查负责人员，同样的，施工进度也有专人负责。作为项目负责人，最重要的就是保证各个部门协调运作。举个例子来说：水泥来晚了就耽误做混凝土，没有混凝土就无法开工，后期的管道铺装就无法展开，整个工程进度就会受到影响。而他的工作应该是确保各个环节及时到位，督促现场责任人，保证工程按时完成。

何远如醍醐灌顶，一下子明白了。在以后的工作中，他试着用那位前辈教给他的办法操作，把工作的重点放在协调部门的合作上面；至于那些琐碎的事情都交给相关人员去处理，他则偶尔抽查一下，以保证工作的顺利落实。果然，他再也不用焦头烂额地加班了，而且工程的进度、质量等问题也得到了很好的保证。

任何事情都有轻重缓急之分，都有主要矛盾和次要矛盾之分，找到了关键问题，我们就要把主要精力放在关键问题上，优先动用各种资源解决它。解决了它，次要问题解决起来就很容易了。

因此，当我们面临很多工作不知如何着手时，或者浪费了大量精力而收效甚微时，我们就应该反思一下自己，有没有把工作分出主次。千万不要“眉毛胡子一把抓”，让自己陷入纷繁复杂的琐碎事务中。要成功，不仅要靠勤奋肯干，更要学会合理分配，只有这样，我们才能用有限的时间和精力做出最大的成绩来。

当然，主要问题和次要问题并不是一成不变的，随着情况的变化，有时候主要问题也会变成次要问题。比如说：制订一个工作计划，前期的市场考察是关键部分，需要花大力气去做；等计划做好了，就要付诸行动了，如何把计划不折不扣地执行好才是最关键的。所以说，所谓的关键问题还是要具体情况具体分析。

004

[找到自己的位置，扬长避短]

我们的世界之所以多姿多彩，就在于我们每一个个体都是独一无二的。每个人都有自己擅长的方面，也都有自己的弱势和缺点。因此，有些事情我们做起来很拿手很轻松，有的事情我们却难以胜任。在工作中，我们要尽量做到扬长避短，找到适合自己的岗位。

在职场上，领导往往也会人尽其才，才尽其用。擅长管理的就做管理，擅长财务方面就让他做侧重于金融财务方面的工作。不一样的人做同样的事，采用的方法自然不同，产生的效果也就不同。所以，每一个人都应该尽量找到自己的位置，扬长避短，使工作效益最大化。

一家安装工程公司安排了一个任务给一个项目小组，项目小组是由年纪稍长的老员工老孙任组长，负责按照图纸安排工作，其他几位则都是年轻人。其中，小张比较擅长室外的装修装饰，小王则是个优秀的电工，小刘擅长室内的墙面地面装饰工作，小孙则没有什么长处，在这个小组里总是做些打杂的事情。

房子是客户刚买的，外墙的装饰已经做好了。因此，他们只要把室内的装修搞好就行了。但是，组长老孙安排工作的时候，大家的意见产生了一些分歧。老孙认为，既然不需要做室外部分了，小张就应该按照自己的要求做别的工作。因此，他让小张和小孙一起把后期需要的瓷砖、电线、木料等材料先搬到室内来。

但是，小张认为自己可以跟小刘一样做室内的墙面和地面的装饰工作，最后老孙妥协了，答应让他试试看。

结果，室内的工作跟室外还是有很大不同的，小张也没有跟小刘交流一下就干了起来，结果，他一凿子就把原先埋设的隐蔽线槽给弄坏了。

小张明明不擅长室内装修，却非要参与，而且，他不向同事请教就擅自动手，结果给他们整个小组的工作带来了很大的麻烦。自己的长处既然暂时没有发挥的机会，就应该虚心地接受领导的安排，做一些自己能胜任的工作，这才是正确的工作方式。

任何人都不是全才，不可能什么都擅长、什么都懂。在某些领域，有些人可能是专家级的人物，但是在他不擅长的领域里，他应该清醒地明白自己只是一个小学生。所以，我们尽量不要在自己不擅长的领域胡乱参与，那样只会把工作搞砸，让自己处于更尴尬的境地。

一个人最擅长的工作可能不是公司里最风光的职位，但是，在你擅长的领域，你可以发挥出自己最大的能力，给公司带来最大的效益。这样的话，你仍然是公司的功臣，仍然是团队的英雄。

企业就像一部汽车，员工就像汽车上的各个部件，员工只有在适合的位置上才能发挥应有的作用，才能使汽车高速稳定地奔跑。再强有力的发动机，如果安在了排气管上，也只能成为累赘；再不起眼的螺丝钉，如果离开了它的位置，也可能造成车毁人亡的悲剧。因此，我们在工作中需要找准自己的位置，扬长避短，让自己的付出取得最大的成果。

005

[想要站得高，就不要拘泥于一种方式]

“两点间直线的距离最短”，有时候我们在工作中要完成一项任务，是有捷径可走的。比如说，销售人员如果抓住了顾客的心理需求，就可以很快地促成一笔生意，而不需要喋喋不休地唠叨个没完，那样反而容易让人反感。

在现代社会，很多成功人士都积极开动脑筋想办法，通过不同的方式方法提高自己的执行力水平，他们善于寻找某些“捷径”，从而快速有效地解决问题，达到自己预期的目的。

一次，“酒店大王”希尔顿在某地盖一座新酒店时，突然出现了资金困难，工程无法继续下去。他一开始到处找银行贷款，但是没有一家银行理会他。在没有办法的情况下，他突然心生一计，何不跟卖地皮给自己的商人借一点呢？于是，他找到那位商人，告诉自己没钱盖房子了。

地产商心想：“你没钱盖房子关我什么事啊？”于是，他漫不经心地说：“那就停工吧，等有钱时再盖好了。”

希尔顿回答：“这我知道。但是，假如我筹不到钱，这酒店就一直盖不成功，这样，恐怕受损失的可不只我一个人，说不定你的损失比我的还大。”

地产商十分不解："这跟我有什么关系呢？我又不缺钱。"希尔顿接着说："你知道，自从我买你的地皮盖酒店以来，周围的地价已经涨了不少。这是因为他们相信这个位置很好，很快就会成为繁华的商业区。但是，如果我的酒店停工不建，你的这些地皮的价格就会大受影响。万一有人宣传一下，说我这房子不往下盖，是因为地方不好，准备另迁新址，恐怕你的地皮就更不值钱了。"

"那怎么办才好呢？"这位地产商显然已经被打动了。

"很简单，你借钱给我，让我把酒店盖好。我当然要还给你钱，但不是现在给你，而是从营业后的利润中分期返还。你要知道，只要酒店营业了，我就有固定收益了。"

虽然地产商很不情愿，但他仔细考虑，觉得希尔顿说得也在理。何况，他对希尔顿的经营才能还是很佩服的，相信希尔顿早晚会还他这笔钱，便答应了他的要求。

什么是“捷径”？捷径不是投机取巧，捷径也不是打擦边球，捷径更不是罔顾职业道德不择手段。捷径是变换新思路，捷径是寻找新方法，捷径是执行有方。在工作中，我们要想用最少的精力办好事情，用一样的精力做更多的工作，就要不断地寻找这种捷径。

走捷径并不是懒惰的表现，而是工作能力的最大优化，人力资源的最高配置，工作效益的最大追求。这正是对工作的高度负责。工作方法是实现职场理想很重要的一个因素，如果过分拘泥于某一种工作方式，不论实际情况如何都不去寻找更好的办法，而是认死理、一条道走到黑，那么，我们是很难拥有高效的执行力的。

在现实社会中，风险与机遇并存，成功说容易很容易，说困难也很困难，有时候成功触手可及，有时候成功却杳无踪迹。看似很偶然的因素里，其实也是有迹可循的。有人靠勤奋努力成功，有人靠灵活多变成功，方法的力量不容小觑，甚至有时候方法比勤奋还要重要。在职场这个风云变幻的江湖中，我们要想站得更高，就要善于走捷径。

第六章

执行力
从速度中来

在变幻莫测的商场，快速将战略战术付诸行动才是制胜之道。抓住时机，迅速行动，打造速度第一的执行力，方能与梦想一起奔跑。

001

[执行要以快制胜]

以前，我们常常说商场如战场，大鱼吃小鱼。但是现在，我们说得最多的是“快鱼吃慢鱼”。企业再大，如果对市场后知后觉、反应迟钝，依然会被那些反应快的小企业吞并。对于职场中的个人来讲，也是如此，今天你还是高管，但是如果你没有快速的执行能力，那么，明天你就可能失去饭碗。

陈林大学本科毕业后去了一家房地产公司，做了一名销售部的员工。两年后，公司发展迅速，而他也算得上是老员工了，为此，公司任命他做了一个新楼盘的销售部主管。

房地产行业有“金九银十”的说法。每年的9月、10月是售楼的黄金时期，公司非常看重这个机会，在8月份就让陈林做好计划，希望他带领整个团队，做出不俗的业绩。

但是，陈林接受这个任务后，没有立即着手去做。他想:“现在距离黄金期时间还早，我急着做出销售方案，恐怕也没什么用，还是先等上一段时间，看看其他楼盘的做法再说吧。”有了这样的想法后，陈林就没有理会公司要他迅速做好销售方案的要求。

当陈林还在慢悠悠地观望时，公司的竞争对手可没有像他一样，而是展开了各种各样的促销活动：有的在当地各大媒体做起了广告；有的给出了让人心动的价格调整；有的免费接送潜在的顾客参观楼盘……总之，当别人都在风风火火地做事时，陈林却还是按兵不动。

当其他楼盘都迎来了销售火爆的季节时，陈林才开始准备动手大干一场，可惜，这时不管他再做怎样的努力，都已经无力回天了。他负责的楼盘销售情况惨不忍睹，他也因执行不力而接到了公司的解聘书。

毫无疑问，作为公司的一员，我们应该在得到领导的指示后迅速去做，就像高速行驶的汽车一样开动马达，奔向目标。唯有如此，公司的决策才能得到有效的贯彻执行。如果办事拖拖拉拉，就很可能影响公司战略的实现，给整个团队的发展带来不利影响。陈林作为一名主管，他做事拖拖拉拉，给公司带来了损失，也为自己的职业生涯蒙上了一层阴影。

如今的社会环境，信息流通迅速，随之而来的是信息的快速贬值，上午的新消息，到了下午可能就已经过时了，公司制定的战略规划如果不能快速有效地执行，可能就已经成为不合时宜的产物。所以，在这个“快鱼吃慢鱼”的时代，我们必须打造快速有效的执行力，强化时间观念，牢固树立效率意识，领导交代的事情要立即行动，把职场当作战场，把工作当成战斗，快速的执行力就是我们占领制高点的“超级武器”。

002

[拖延是高效执行的最大敌人]

有的人在工作中不够积极主动，对于工作总是不够热情。惰性是任何人都有的，惰性会使人们在工作中拖延，而拖延则是高效执行的最大敌人。

在行动中拖延到底能带来多么严重的后果，也许有的人会不以为然。战斗中的拖延可能会让人丧命，但是，工作中拖延一下顶多就是完成得慢一点，还能怎么样?

公司的战略被拖延，可能会使公司在市场中处于不利地位；个人的工作目标被拖延，可能会使自己失去宝贵的机会。

德国有一家电视台高额悬赏征集“十秒钟惊险镜头”，征集活动一时成为人们关注的焦点。在诸多参赛作品中，一个关于扳道工的故事短片以绝对优势夺得了冠军。

几个星期以后，获奖作品在电视栏目中播出，冠军短片播出的那天晚上，很多人都坐在电视前边观看了这组镜头。对于这个作品，人们最初只是好奇地期待着，但是，10秒钟之后，每一个人的眼睛里都饱含着泪水。

镜头是这样的：在一个火车站，一个扳道工正走向自己的岗位，准备去为一列正在驶来的火车扳动道岔。这时，在铁轨的另一头，还有一列火车从相对的方向驶进车站。假如他不及时扳岔，两列火车必定相撞，会造成重大事故。

就在这时，他无意中回过头一看，却发现自己的儿子正在铁轨的一端玩耍，而那列开始进站的火车就行驶在这条铁轨上。是抢救儿子，还是扳动道岔避免一场灾难？留给他选择的时间太短太短了，甚至，哪怕他再迟疑一秒钟，就既救不了儿子，也挽不回事故了。

那一刻，他毫不犹疑地、语气非常严肃地朝儿子喊了声：“卧倒！”同时，迅速冲过去扳动了道岔。

就这一眨眼的工夫，这列火车进入了预定的轨道，同时，另一条铁轨上的那列火车也呼啸而过。车上的旅客丝毫不知道，他们的生命曾经面临危险，他们也丝毫不知道，一个小生命正卧倒在铁轨中间——火车轰鸣着驶过。这段时间对于扳道工来说显得无比漫长，最终，孩子丝毫未伤，因为他迅速且忠实地执行了父亲的命令，老老实实地卧倒在那里。这一切刚好被一个从此经过的年轻记者摄入镜头中。

人们看了短片之后纷纷猜测，那个扳道工一定是一个非常优秀的人。后来，通过记者的采访，人们才知道，那个扳道工只是一个普普通通的人，他唯一的优点就是忠于职守，在工作的时候从来没有拖延过一秒钟。但最让人吃惊的不是这个，更让人意想不到的是，他的儿子竟然是一个智力有问题的儿童。

他曾一遍一遍地告诉儿子说：“你长大后能干的工作太少了，你必须得有一样是出色的。”儿子听不懂父亲的话，依然傻乎乎的，但在生命攸关的那一秒钟，他却立刻执行了父亲的命令——“卧倒”——这就是他在跟父亲玩打仗游戏时，他唯一听得懂并做得出的动作。

这位父亲如果当时拖延一秒钟扳动道岔，就会造成无法挽回的悲剧，但是，他没有失职，火车上的乘客安然无恙。如果扳道工的儿子拖延了哪怕一秒钟执行他父亲的命令，那么，扳道工也会痛苦终生。这对父子在极度危险的时候，都没有拖延，从而避免了悲剧的发生。

拖延是高效执行的最大敌人，本来10分钟能够自己解决的问题，非要拖上1个小时寻找帮助；本来1个小时能完成的工作，非要拖延一个上午。这样的执行力，注定你永远落在别人的后边，永远只能追逐成功的背影。

在工作中，我们应该树立速度第一的思想，有速度才能有效率，有速度才有执行力。要想做好工作，就必须有速度，打败拖延——这个执行力的最大敌人，如此才能在职场上出人头地，成为一个成功的领跑者。

003

[把可能出现的问题消灭在萌芽状态]

每个人都或多或少地存在惰性。确实，如果没有外界或者自制力的约束，人们往往是能坐着就不愿意站着，能躺着就不愿意坐着，能懒惰就懒惰，能拖延就拖延的。

但是，只要我们愿意，只要我们努力，我们完全可以战胜惰性。在工作中，我们应该用迅速有效的执行力来克服自己的惰性，把工作中可能出现的不利问题及时消灭在萌芽状态。

我们如果不能克服自己的惰性，往往就会在工作时掉以轻心。有些小问题，可能会变成大问题，等它们发展到我们不得不重视的程度时，就需要浪费更多的时间和精力去处理了。如果我们在工作中能做到迅速行动，就能够将可能出现的问题消灭在萌芽状态。

马克是火车后厢的刹车员，他平时在工作中从来没出现过什么大的失误。这份工作他已经干了十几年，因此难免会有松懈的时候。不过，突发情况并不常见，而且，他还有一位助理刹车员，平时有什么工作，他都安排他的助理去干，所以，马克的日子过得还算轻松。

一个寒冬的晚上，马克还是像往常一样，在车厢里一边无聊地喝着小酒取暖，一边抱怨着这可恶的天气。就在前一晚，一场暴风雪不期而至，很多火车都晚点了。马克所在的火车就已经晚点十几个小时了，这场暴风雪使他不得不在寒冷的冬夜里加班。

就在马克考虑用什么样的借口才能向列车长请假从而逃掉夜间的加班时，另一个车厢里，列车长和工程师对这场暴风雪显得非常担忧。因为这很容易造成行车隐患，他们非常警惕地跟路况观察员和其他列车联系着，以确保行车安全。

这时，他们这列火车发动机的汽缸盖被大风吹掉了，他们不得不临时停车抢修，而两个车站间的同一条线路上，还有另外一辆快速车在他们后面行驶着。根据列车长的通报，这列车几分钟后要从同一条铁轨上驶过。于是，列车长赶紧跑过来命令马克拿着红灯到后面去。提醒后面的快车停下来，以免发生事故。

马克心想，反正后车厢还有一名工程师和助理刹车员在那儿守着，便笑着对列车长说:“不用那么急，后面有人在守着呢！等我拿件棉大衣穿上就过去。”列车长一脸严肃地说:“一秒钟也不能等，那列火车马上就要来了。”

“好吧！”马克微笑着说，“放心好了，我马上就去。”列车长听完他的答复后，匆匆忙忙地向前面的发动机房跑去了。

马克虽然口头答应了，但是他没有立即就去。他认为，后车厢有一位工程师和一名助理刹车员在那儿替他看着，自己又何必冒着严寒，那么快跑到后车厢去呢？他觉得这纯粹是小题大做，没有必要的事情，后面那辆车连影子都没有呢，晚一分钟过去没什么关系。于是，他坐下来喝了几口酒，又慢条斯理地穿上大衣，这才吹着口哨，慢悠悠地向后车厢走去。

他一直走到最后一节车厢，才发现工程师和那位助理刹车员根本不在里面，他的冷汗一下子冒了出来，拔腿就向车尾跑去。但是，一切都晚了，他眼睁睁地看着后面那辆快车的车头撞了过来……

本来只要马克能马上按照列车长的命令去打出信号，这场事故就完全能够避免。但是，他的惰性害了他，他的拖延害了他，就是因为慢了这么几分钟，他不仅搭上了自己的性命，还酿成了一场巨大的事故。

很多小问题，往往看上去不起眼，让你觉得不必浪费精力去解决它们。但是，这些小问题极有可能就是大祸的开端。在工作中不能及时把问题的苗头消灭，就是一种严重的失职，是一种执行不力的表现。这样的员工，严格来讲，就是不合格的员工。

惰性是我们心灵上滋长的毒瘤，它使我们在工作中麻痹大意，对于一些可能出现的问题后知后觉，或者视而不见、充耳不闻，不能及时有效地采取措施，不能及时把问题消灭在萌芽状态，从而给我们的工作带来麻烦。

所以，在工作中，我们一定要对自己严格要求，克服惰性，避免拖延，及时把可能出现的问题消灭在萌芽状态，用迅速有效的执行力在职场中披荆斩棘，取得胜利。

004

[积极主动，快一步海阔天空]

在辽阔的非洲草原上，猎豹要捕获羚羊，最重要的是它必须具有比羚羊更快的速度。如果猎豹的速度不够快，它便无法捕获猎物，就可能会饿死。对于羚羊来讲，它必须比猎豹跑得更快，不然，它就会有生命危险。

在现代商业社会，竞争越来越激烈，有时往往快一步则海阔天空，慢一步则万劫不复。如果想要生存发展，唯一的办法就是让自己发展的速度越来越快。

李志是一家保险公司的推销员，当初踏入这一行业时，他的家人都极力反对，认为这一行很难做出什么像样的成绩，而他则以实际行动证明自己的选择是正确的。

当时，一般的保险公司推销员一天只访问20到30位客户，而李志最多的时候每天能拜访100位客户。他每天起得很早，当天空还亮着几颗稀疏的晨星的时候，他就已经到了公司，开始做好一天的工作计划，等到7点以后，他就开始出门拜访客户。

李志开始拜访客户时，其他同事可能才刚刚起床。他每天拜访客户之后，就回到办公室总结记录当天的工作情况，反思自己哪里做得不够好，一直到晚上10点才回家。

这样，作为一个新手，在月底结算的时候，他的成绩竟然排在了前几名，甚至超过了很多老员工，这让主管对他刮目相看。主管私下里曾经问李志是不是有什么“秘密武器”，李志就实话告诉他，自己不过是行动的时候比别人快一点而已。当别人还在睡觉的时候，自己已经来到公司做计划了；当别人做计划的时候，自己已经开始拜访客户了；当别人第一次叩开客户的门时，自己已经回访过一次了……自己只是比他们快一步罢了。

李志就是靠着这样快一步的积极主动的工作方式，迅速在这个行业站稳了脚跟，成了公司的骨干人员。仅仅过去一年，李志就成了一个区域销售主管，公司里的同事都钦佩地称他为“销售神童”。

李志既无专业知识又无销售经验，在此之前完全是这个行业的门外汉，没有任何的资源优势。但是，他却做出了不俗的业绩，获得了很大的成功，究其原因，就是因为他积极主动的工作方式使他总能快人一步。一个“快”字，背后隐藏的是他的责任心、主动性、勤奋和努力，靠着这些，他拥有了快一步的执行力，赢得了更广阔的发展空间。

生命是有限的，如果我们在工作中安于现状，对时间不够珍惜，对工作不够积极主动，那么，成功的机会转瞬即逝，如果我们不能快一步，就只能徒劳地跟在成功者的后面追逐。

日本的“销售之神”原一平认为:“对推销员来说,一天的起步是很重要的。如果带着愉快的心情出发,则终日都能顺利成事。反之,慢吞吞地离开公司,又转往咖啡厅磨蹭半天,一切就会完全不同。”愉快的心情讲的就是要有积极主动的心态,不磨蹭则说明了要速度第一,这也是原一平本人成功的秘诀。

有一天,古希腊作家伊索在郊外散步,遇到这样一个人。

那人在伊索背后问道:“先生!打搅你,从这儿到城里要走多久?”

“你往前走!”伊索头也不回地说。

问路者有点迷惑,心想自己可能没有说清楚,于是,他又问了一次。没想到伊索仍然说:“你往前走!”

问路者加快脚步走到伊索跟前,说:“先生,我在问你正经事,你怎么总开玩笑,答非所问呢?我在问你要用多长时间,没有问你往哪个方向走啊!”

“朋友,我没有和你开玩笑。”伊索认真地说,“我没看到你步行的速度，怎么能回答你所需要的时间呢？”

那人闻听此言，便迈着大步向前走去。伊索在后面高声说道：“朋友！照这速度，太阳落山时你就能走到。”

我们在工作中也会这样，期盼着成功明天就能到来。成功何时才能够到来，这个问题的答案其实就在我们自己的手中。一个人何时能够接近自己的目标，那要看我们前进的步子有多快。如果我们总是拖延，恐怕等到年华耗尽的时候，都无法收获成功。如果我们能快一些、再快一些，也许成功就在下一个转角处等待着我们。

在我们身边有许多人，他们每天都是在固定的时间内上班、下班，等着领导交代任务，从来不会积极主动地工作。他们也憧憬成功的荣耀，他们也抱怨不温不火的现状，但是在憧憬与抱怨过后，他们仍然不去改变自己的工作模式，照样是固定的时间上班、下班，面对工作依然是做一天和尚撞一天钟，不去积极主动地加快自己的步伐。他们的工作没有激情也没有惊喜，成功是不会垂青这种混日子的人的。任何一个人，如果想要在职场中打出一片天地，就应该养成积极主动的执行方式。

005

[快刀斩乱麻，赢得更多时间]

几百年前，弗尼吉亚城的戈迪亚斯王在其战车上系了一个复杂的绳结，并宣告谁能解开它，谁就会成为亚细亚王。这就是号称着“谁能够解开，谁就能征服世界”的“戈迪亚斯之结”。

自此以后，每年都有很多人来看戈迪亚斯王打的这个结。可他们总是连绳头都找不到，甚至不知从何处下手。

相传，马其顿亚历山大大帝进兵亚细亚。当他到达弗尼吉亚城时，他也来看了戈迪亚斯绳结，当时，他考虑了一下，不一会儿，他就果断地从腰间解下佩剑，挥剑砍断了绳结，绳结终于从战车上掉了下来。这个保留了数百年的难解之结，就这样轻易地被解开了。

亚历山大大帝解开绳结的方法就是快刀斩乱麻，这看似藐视了规则，不按常理出牌，但却是最快最有效的办法。面对工作中纷繁复杂的情况，我们往往陷入迷宫走不出来，一天天早起晚睡却效率低下，手头上永远是干不完的活儿，这种按部就班的工作方式是不行的。这样会把我们的时间慢慢地耗尽，使我们一生碌碌无为。在工作中，我们一定要极富激情，处理工作一定要快速有效。

威尔福莱特·康奋斗了将近40年，终于成为全世界织布业的巨头。他也曾想发展一下自己的业余爱好，但又总是觉得自己的工作太忙，抽不出更多的时间。随着自己一天天变老，时间慢慢地逝去，他开始懊恼，最后终于下定决心在自己的兴趣——画画上发展一下。“无论做多大的牺牲，每天一定抽一个小时来画画。”他不想让自己除了挣钱外什么也不会。

但是，工作这么忙，事务那么纷繁复杂，如何保证这一个小时不受到干扰呢？他意识到只有快速地把工作处理好，才能挤出时间来作画。为了能在一个清静的环境下画画，他把顶楼改为画室，而且，他总是在清晨4点左右就起床，一直画到吃早饭。

他说：“过去我很想画画，但是我从未学过油画，我也不敢相信自己花了力气会有很大的收获。可我最后还是决定了，无论做多大牺牲，我总积极地把每一天的工作快速地完成，然后把多余的时间用来画画。总之，我就是用速度来换取时间。”

几年过去了，威尔的油画在画展上展出，其中有几百幅画被高价买走。他还多次举办了个人画展，并把卖画的全部收入设立奖学金，奖励那些优秀的学子。

威尔福莱特·康用速度换时间，快刀斩乱麻地处理工作和兴趣之间的矛盾，不仅获得了事业上的巨大收获，而且使个人的兴趣得到了发展。这个例子告诉了我们，告别犹豫且快速行动就能使我们获得更多的时间和成功的机会。

鲁迅先生曾经说过："时间就像海绵里的水，只要愿挤，总还是有的。"一个人即使工作再忙，也还是能挤出时间来做自己想做的事，只要你迅速有效地把工作做完，你就能挤出一些时间。快，就是为自己争取更多时间的工具。哪怕有时候这些时间很少，我们也千万不要小看了这点滴的时间，它们汇集到一起，将是一笔巨大的财富，会结出异常甘甜的果实，会带来意想不到的机会。

很多时候，平庸和卓越之间的界线不像人们想象的那么大，有时不过是一个小小的优势，就能助你登上成功的顶峰，就能完成质的飞跃。但是，这一点点的差距，却是平时一点一滴积累起来的。执行之中快一点，成功就能近一步。只有这样，我们才是真正利用了时间，成为掌控时间的主人，也只有这样，我们才能赢得更多的时间，从而为不期而至的机会做好准备。

第七章

执行力
从效率中来

什么是高效率？说得直白一点，就是花最少的时间和精力做最多的事儿。一个人的时间和精力都是有限的，要想做出成绩，我们必须提高效率。

001

[忙，就一定要忙出结果来]

无论什么行业，也无论在什么岗位上，人们的工作其实有一个相同点，那就是追求“结果”。领导办企业是为了实现利润，使企业获得发展；管理人员上传下达，贯彻执行公司的战略意图，是为了团队有效顺利地发挥作用；基层员工兢兢业业，是为了完成上级下达的任务，同时实现自己的价值。领导、管理人员、基层员工都在“忙”，尽管忙的内容不一样，目标也不一样，但大家都是奔着“结果”去的。没有结果的忙就是无用功，就是“白忙”“瞎忙”。

任何领导都希望自己的员工给自己带来理想的结果。对于员工个人来说，工作其实就是一个不断解决问题、取得结果的过程，成功之门必将为那些能取得预期结果的人敞开。如果在工作中花费了大量的时间精力，却效率低下，收效甚微，没有取得预定的结果，那么，这种工作就是失败的。

领导让小A去买书。小A先到了第一家书店，书店的店员说："书已经卖完了。"他又去了第二家书店，店员说，店里已经进货了，但书还没到，要过几天才有。小A又去了第三家书店，这家书店根本没有卖过此书。

中午，小A只好回到单位，向领导汇报："我跑了几家书店，快累死了，都没有找到这本书，过几天我再去看看！"领导看着跑得满头大汗的小A，欲言又止，摆摆手让他出去了。

小A为此事付出很多，有了苦劳，却没有功劳，因为他没有为组织提供结果。组织是靠结果生存的，如果我们每个人都满足于苦劳，满足于"我尽力了，最后做不到，我也没办法”，那么，组织靠什么生存呢？

去买书是任务，买到书才是结果。小A的确跑了三家书店，这意味着小A已经付出了劳动。但是，他没有买到书，虽然他付出了劳动，却没有得到结果。如何让自己的劳动不白费？其实，只要小A执着地要结果，就一定会找到有效的方法：

1. 打电话询问其他书店是否有这本书，这样可以省去四处跑书店的时间；

2. 上网查查这本书是哪家出版社出的，与出版社邮购部联系邮购；

3. 到图书馆查查是否有这本书，如果有，问领导是否愿意花钱复印。

但是，小A脑子中有一个固定的思路：你安排我做这件事，我就做了这件事，我只对事情的过程负责，我不对结果负责。但领导真正想要的是做事的过程吗？答案当然是否定的，领导要的是这件事的结果。

在工作中，一个具有完美执行力的员工，在“必须有结果”的心态的驱动下，会竭尽全力去取得预期的结果。这样的员工是在为提高工作效率而“忙”，而不是像无头苍蝇一样四处乱撞，白白浪费时间和精力。在工作的过程中，他们的目的很明确，就是要结果，并最终做出出色的结果。因此，当我们在工作中接受某一项任务，并被要求提供一定的结果时，就要拿出高效的执行力，力求得出最完美的结果。当然，这样的员工也会得到相应的回报。

工作目标就要指向结果，要达到预期结果，最好是掌握良好的工作方法，而不是延长工作时间。有些人三更起五更眠，似乎每天都有忙不完的事情，他们为了完成任务而拼命加班，结果却往往不尽如人意。

在工作中提高效率，更快更好地完成任务，并不是说要以牺牲自己的休息时间为代价。那样只会损耗体力和精力，只会把工作的战线越拖越长，使效率更加低下。我们要提高工作效率，这样才能从工作中享受到乐趣，从结果中获得成就感。因此，优秀员工的工作应该是高效的，是能够获得预期结果的。

002

[一次性解决问题，避免重复性劳动]

歌德在他的《叙事谣曲》中曾讲过这样一个故事：

耶稣带着他的门徒彼得出门远游，途中发现路上有一块破烂的马蹄铁。耶稣让彼得把它捡起来。彼得懒得弯腰，就假装没听见，没有去捡。耶稣没有再说什么，就自己捡起了那块马蹄铁，用它从铁匠那里换来了 3 文钱，然后又用这 3 文钱买了 18 颗樱桃。

两人继续前行，后来经过一片茫茫的沙漠。彼得很渴，于是，耶稣就故意让口袋中的樱桃掉出一颗，彼得见状，赶紧弯腰捡起来吃掉。

耶稣边走边丢，彼得就跟在耶稣后面捡，这样他也就狼狈地弯了18次腰。耶稣对彼得说：“如果当初你弯一次腰，后来就不会一次又一次弯腰了。”

同样，如果我们第一次就把工作做好，那么，在后来的工作中，我们就可以避免不必要的操劳，节省更多的时间和精力，提高工作效率。所以，执行过程中，我们要一次性解决问题，不要总是把问题遗留下来。

有个村庄水资源紧缺，一到下雨的时候，人们就准备各种盆盆罐罐接雨水。为了解决水源问题，村里的人决定修建一个蓄水池，然后雇人送水，省得村子里每家人都要为用水发愁。盖伊和艾伦自告奋勇地承担了这个工作。

盖伊立刻挑起水桶干了起来，他每日奔波于远处的河流和村庄之间，将水运回村子。他起早贪黑地干着，累得半死，不过，好歹村民们的吃水问题解决了，盖伊也得到了村民们给的报酬，因此，他对自己的这份工作还是非常满意的。

艾伦自从跟盖伊一样接下这个工作之后，他就神秘地消失了，整整一个星期，人们都没有看见他的人影。盖伊则很开心，少了艾伦这个身强力壮的竞争对手，自己算是“垄断”这个工作了，尽管每天挑水很累，但是，能挣到钱总是好的。

那么，艾伦到底干什么去了呢？原来，他跑到了几十里外的山里砍竹子去了，一周以后，他拉着一大车竹子回到了村里。然后，艾伦请了一位做水车的师傅在湖边架起一座高高的水车，再用打通的竹子做管道，就这样建起了一个“自来水”输送系统。清水哗哗地沿着管道流进了水池中，这个干旱的村子彻底告别了缺水的日子。

不仅如此，艾伦还把这些竹子管道接到了其他缺水的村庄，现在，他一个人同时为三个村庄送水，而且，他的工作可以说很轻松，每天只要按时检查一下水车是否在正常工作和管道有没有漏水就行了。由于艾伦一个人就包揽了输水的工作，盖伊也就失业了。

我们应该从这个例子中得到一些启发，在工作中，我们也应该时常问自己：“我的工作是在‘修管道’还是在‘挑水’？我是在一次性地把问题解决掉，还是在日复一日地重复性劳动？”

很显然，就工作效率而言，一次性解决问题是最好的，一劳永逸地解决问题，能够为我们自己和企业节省下大量的时间。做好一件工作之后，可以没有后顾之忧地进行下面的工作。

有些员工因为不能合理安排时间，或者没有动脑筋想办法，没有创造性地去工作。结果，越忙越乱，还没有解决旧问题，又产生了新问题，白白浪费了大量的时间和精力，造成了人力资源的浪费。

田兴和李为民两人都是刚刚毕业于一所名牌大学的学生，他们进入了同一家公司工作。两个人都是从基层开始做起，两个年轻人都想做出点成绩，因此，他们都铆足了劲儿，不过两个人还是有些不同的。田兴工作按部就班，从不多动脑子，只是一味地埋头苦干，每天都是起早贪黑，好像总有忙不完的事，周末还常常自动留下来加班，但遗憾的是，他的工作业绩平平。

李为民则不同，他做事从不墨守成规，总是喜欢“偷懒”，能一次干完的事情绝不用两次，别人两小时完成的任务，他就要想办法争取一个小时完成。用他自己的话说，他做事习惯“ONE TAKE”，从来都是一次解决，不喜欢寄希望于下一次。就这样，领导交给他的任务，他每次都能干净利落地完成。

一年后，李为民被委以重任，成为公司里的骨干人员，而田兴只获得象征性的加薪。

人们习惯认为“老黄牛”式的员工就是好员工。确实，同样的工作方式，一定是勤奋肯干的员工做出的成绩更多，但是，有些人往往不注重工作方式方法，而一味埋头苦干。事实上，“努力”工作的人并不一定能做出好的成绩，也不一定会受到上司的赏识。工作时间长，不代表业绩突出，付出的劳动多，收获却不一定多。

成功没有下一次机会，很多时候，机遇只有一次，第一次没有把事情做好，就不会再有第二次机会弥补了。如果第一次失败了，下一次也不见得就能做好。工作中，对自己一定要严格要求，做任何事情都要要求自己一次性解决，不要寄希望于下一次，这样才能提高工作效率。

003

[行动要趁热打铁]

《左传·庄公十年》中有这样一段话：“夫战，勇气也。一鼓作气，再而衰，三而竭。”说的是做任何事情，趁一开始情绪高涨、干劲足时全力以赴，咬紧牙关干到底，就容易出成绩。如果事情老干不好，原有的勇气和力量就逐渐衰退而消失殆尽了。

在工作中，要提高工作效率，加强执行力，就要学会“趁热打铁”，趁着自己的理想还未消逝，趁着自己的热血还未冷却，趁着还未遇到不可战胜的障碍，趁着良好的开端，趁着昂扬的斗志，趁热打铁，工作就能势如破竹，取得理想的战果。

工作就像是登山，我们体力旺盛的时候，登山的步伐是轻快的，心情是愉悦的；等到半山腰的时候，我们的体力下降，自然就动力不足了。这时，我们最好能够一鼓作气登上山顶，就算休息，也要在风景最美的顶峰休息。如果不能趁热打铁，而是在半路上停下来，就会越休息越觉得疲劳，越没有动力，那么，我们登上山顶就需要付出更多的时间和体力了。趁热打铁的行动往往事半功倍，因为“惯性”也是一种助力。

雅典城有一位英俊潇洒的哲学家，他风度翩翩，眼神忧郁，天生有一种吸引异性的气质，被众多的女人仰慕。

一天，一位美丽优雅、聪明贤惠的女子从其他城邦风尘仆仆地慕名而来，这名女子见了哲学家以后，羞涩地对他说：“你就像天空中的星星那么耀眼，让我做你的妻子吧！错过我，你将再也找不到比我更爱你的女人了！”尽管哲学家对她也是一见倾心，但哲学家的工作是思考，所以，不顾对方幽怨热切的眼神，他告诉那位美丽的女子，自己仍然需要考虑考虑。

女子依依不舍地走了，哲学家按捺住内心像火一样燃烧起来的爱情，开始用他理性的大脑思考，将结婚的得失分别考量了一下。他发现这是一个非常复杂的难题，他力求把这个问题搞清楚，这样，日子就一天天过去了。

哲学家最终也没有得出一个明确的结论，不结婚的处境自己是清楚的，但结婚会是怎样的情况，自己还不知道。经过痛苦的挣扎，他决定选择那位女子为妻，体验一下结婚的感觉。他下定决心，答应那个女人的请求。做出了这个艰难的决定之后，他心中仿佛放下了一块大石头，当天夜里，他终于睡了一个安稳觉。

第二天一早，哲学家怀着愉快的心情赶了一天的路，来到了女子的家中，对女子的父亲说："您的女儿呢？我已决定娶她为妻了！"哲学家的脸上带着诚挚的、迷人的微笑。

谁知，这位父亲冷漠地回答："你来晚了，我女儿十年前已经出嫁，现在她已经是两个孩子的母亲了，她生活得很幸福！"

哲学家听了，悔恨万分，当时为什么不趁热打铁，娶了这位女子呢？于是，他懊恼地回到家中，整日郁郁寡欢，不久就去世了。在他的墓碑上，刻着这样一段话："当你心中沸腾如火时，千万不要让犹疑的冰水熄灭了它，只管放手让它去燃烧。"

成功者比起平庸者，往往并不是出色很多，他们灵感的火花初现的时候，也不见得就比别人耀眼、光明。但是，他们心中的激情化作了可以燎原的星星之火，不断燃烧起来。而很多人往往在那一瞬热血沸腾，之后就归于冷寂，又过起了日复一日平淡如水的日子。

当一项工作正在有条不紊地进行，我们就要趁热打铁，把工作持续下去，这样就可以借助"惯性"的力量，工作就能水到渠成地获得良好的效果。利用"惯性”，我们在工作中可以省时省力。尽量不要在工作中停顿下来去开始另外的工作，这份工作没做完又被其他事情牵扯了精力，如果是那样，我们很容易使工作前期投入的努力打水漂。

打铁要趁热，这是个时机问题，也是个效率问题。工作中，我们的时间精力有限，激情和动力也有高峰低谷。我们要把工作当作一场战争，只要战争开始了，我们就要一鼓作气，争取胜利，而不要还没等到战争结束，就发动另一场战争，“两线作战”是军事上的大忌，也是工作中的大忌。

004

[心无旁骛才能更高效]

现实生活中，很多人智商很高，才华也出众，但在职场上打拼多年后仍然碌碌无为，就是因为他们做事情不够专注。一件工作还没干好就转移了注意力，好高而骛远，得陇而望蜀，不能安心地做好手头的工作，结果浪费了自己的才能和时光。成功是靠专注工作干出来的，是长时间高效执行累积的结果。

有一位成功人士应邀给本行业的年轻人讲一讲成功的经验。这位成功人士是一位六旬开外的老人，他的头发已经斑白，他要求会议的主办方在大讲台上支起一个支架，用铁链吊起一个巨大的铁球，主办方虽然不明白用处，但还是按照他的要求做好了准备。

演讲开始以后，人们首先报以热烈的掌声，同时好奇地看着讲台中央那个大铁球。这时，一位工作人员拿来了一个大铁锤。

老人请观众用这个大铁锤去敲打那个铁球，直到把它荡起来。一个年轻人自告奋勇上台，他拿起铁锤，用力向那个铁球砸去，但是，几锤下去之后，那个铁球依然纹丝不动。很快，年轻人就气喘吁吁，又有一个小伙子上来，接过大铁锤，把铁球打得叮当乱响，可是，铁球仍旧纹丝不动。

老人从口袋里掏出一个小锤，然后对着铁球“咚”地敲了一下，停顿一下，再一次用小锤“咚”敲了一下。就这样持续着，10分钟过去了，20分钟过去了，铁球仍然不动。人们开始议论起来，老人好像忘记了周围的环境，他仿佛根本没有听见人们的喊叫一样，仍然在专注地敲打着。

大概敲打到40分钟的时候，坐在前面的一个人突然尖叫一声：“球动了！”会场立即鸦雀无声，人们都聚精会神地看着那个铁球。

老人仍旧一小锤、一小锤地敲着，铁球由原来几乎察觉不到运动到越荡越高，甚至拉动着那个铁架子发出很大的响声，强烈地震撼着在场的每一个人。

终于，场上爆发出一阵热烈的掌声，老人转过身来，慢慢地把那把小锤揣进兜里，下台走了。老人用一把小小的锤子专注地敲打，震动了巨大的铁球，给所有人上了生动的一课。

专注就是把注意力全部集中到某件事物、某件工作上面，心无旁骛，达到一种“忘我”的境界。当然，我们不是那些高深的修炼者，不像他们一样随时可以“老僧入定”，浑然忘我，但是，我们在注意力分散的时候要及时察觉，及时“收心”，能够做到这一点，也称得上是专注了。

人人都渴望得到成功，都想拥有高效的执行力，可惜，成功和高效都不是金钱能够买到的。曾经有人评价盛大的陈天桥，说“只有偏执狂才能成功”，讲的就是陈天桥一直专注于游戏事业，只做游戏，哪怕所有的人都认为此路不通，最终，他成功了。

喧嚣的世界，充斥着各种各样的诱惑，干扰着人们的内心。很多看上去不错的机会其实是陷阱，许多外表很美的东西隐藏着致命的危险。只有身在这个大潮中不为所动，静下心来，独处一隅，专注于你的工作，专注于你的公司，不受其他的诱惑，才是一种大智慧。专注工作可以使人高效，只要耐得住寂寞，日积月累地做好手头的事情，总有一天，你可以独上高楼，欣赏到成功的绚丽美景。

005

[向一分钟要效率，向一分钟要成绩]

时间是最奇妙的东西，它掌控一切，却又全无踪迹，人们只能感受它，却不能接近它。它能使枯草变绿，焕发蓬勃生机，又可使鲜花凋零，留下无尽遗憾。它可以赋予一个人整个世界，又可以在一瞬间把它全部夺走。时间是让人又爱又怕的窈窕淑女，它温情脉脉的时候，可以让你沐浴幸福，翻脸无情的时候，你的人生只有生离死别。

时间就像一把双刃剑，只要我们用好了，它就是我们的忠实伙伴，为我们披荆斩棘，扫清成功路上的障碍。所以，我们要做一个能掌控时间、提高效率的“智者”，做一个效率专家。

金钱可以被储蓄，知识可以被累积，但时间却不能被保留。时间的钟摆绝不停息，对于一个人来说，时间更是非常有限的。一天是短暂的，它只有24小时，只有1440分钟，只有86400秒。除去睡眠休息和吃饭的时间，我们学习或者工作的时间并不是那么多，浪费一分钟，它就少一分钟；浪费一秒钟，它就少一秒钟。

鲁迅先生曾经说过：时间就是生命，无端地空耗别人的时间，其实无异于谋财害命。对我们来讲，浪费自己的时间那就等于自杀。因此，我们不能浪费每一分钟，我们要在有限的时间里做出更多的成绩。我们虽然无法改变生命的长度，但是，我们可以通过提高效率拓展生命的宽度。

摩根是一个真正的效率专家，他每天上午9点30分准时进入办公室上班，下午5点回家，严格按照工作时间表工作和休息。除了与特别重要的客户进行商业会谈外，他与人谈话绝不超过5分钟，因为这一点，很多人说摩根只是一部赚钱的机器，有点儿不近人情。但是，摩根的高效工作无疑产生了很大的效益。

通常，如果人们走进他们公司的那间大办公室，是很容易见到他的，因为摩根不会一个人待在房间里，他是与许多员工一起在一间很大的办公室里工作。这样，摩根就能够随时指挥他手下的员工，他的员工也能够用最快的速度执行他的计划，省去了上传下达的时间和麻烦。

摩根还有一项才能，他能够轻易地判断出一个人的真实意图，不会给人时间来拐弯抹角地长篇大论。那种啰里啰唆的说话方式是不受欢迎的，他会一针见血地指出对方的核心意思，一点儿都不掩饰，这种卓越的判断力也使摩根节省了许多宝贵的时间。

如果一个人只是单纯地想找个人来聊天，而本来就没有什么重要的事情，却浪费了别人的时间，这是摩根非常痛恨的，对这种人，他会毫不留情地把他赶出去。

摩根是个注重工作效率的人，他的高效把他的团队打造成了一个非常有战斗力的集体。

在工作中，我们之所以不够重视一分钟，是因为觉得它实在有些无足轻重，一分钟能产生什么效率呢？我们习惯了每小时做多少事情，习惯了每天做多少事情，却很少想自己一分钟能够做多少事情。其实，只要在工作中有意识地把一分钟当作我们的时间单位，就能够引起我们的警觉，从而提高效率了。

我国著名的数学家华罗庚说："时间是由分秒积成的，善于利用零星时间的人，才会做出更大的成绩来。"因此，我们不要小看一分钟，每一分钟都是宝贵的。浪费时间是生命中最大的错误，优秀员工之所以成绩突出，就是因为他们能有效地利用每一分钟，珍惜每一分钟，他们使得每一分钟都能直接或者间接产生效益。

有个卖吸尘器的销售员自创了"一分钟工作方法"，每次他见到客户的时候，他只要求客户给他一分钟的时间。在这一分钟里，他一边介绍自己产品的优点，一边动手为客户演示，一分钟结束，他自动停止自己的话题。

然后，他彬彬有礼地道别，感谢对方给予他宝贵的一分钟的时间。其他销售人员做完这些工作往往需要七八分钟的时间，不仅效率低下，时间一长，客户还容易反感。而这个销售员总是充分地利用每一分钟的时间，结果，他的业绩是公司里最棒的。

无独有偶，李民是国内一家公司的一位业务经理，他也很善于利用时间，工作效率很高。比如在等红绿灯时，他会拿出客户的资料卡熟悉一下，或者拆开信件浏览，不重要的直接处理掉。这样一来，他就不用拿出专门的时间来处理这些事情了。李民经常出差，他常常利用在火车上的时间给客户写信、拟传真。

所有人都应当学会有效地利用时间，在有限的时间内高效地完成工作。放弃时间的人，时间也同样会放弃他。不珍视时间的人，注定难以获得成功。

明天的幸福就孕育在我们今天点点滴滴的时间中，如果我们能够非常合理地利用时间，成为一分钟效率专家，那么，我们就能够纵横职场，做出卓越的成绩。因此，在工作中，我们应该珍惜每一分钟，向一分钟要效率，向一分钟要成绩，这样我们就能早一分钟取得成功。

第八章

执行力从协作中来

我们发挥各自的优势，实现资源的最佳配置，强强联合，从而获得 1+1>2 的执行结果。

001

[不要“凡事自己来”]

团结就是力量，这句话我们耳熟能详。但是，在实际工作中，我们真的完全发挥团队的力量了吗？我们的工作有没有停留在“独行侠”的“个人英雄主义”时代呢？

现代社会，人与人之间的联系越来越密切，人们的工作越来越需要协调合作，人人都成了一部巨大机器上的某个部件，在帮助别人的同时也需要别人提供帮助，这已经不是一个单打独斗的时代了。

2005 年深秋，酒泉卫星发射中心的朝阳里，中国首位进入太空的航天员杨利伟为 41 岁的聂海胜和 40

岁的费俊龙出征送行。“他们会比我飞得更好。”目送两人飞向太空，杨利伟感慨地对记者说。

航天员从整体上讲差异不大，因为他们都是从空军飞行员中挑选出来的，背景和经历都差不多，有很多共性。当然，每个人都有自己的特点。

费俊龙比较活泼，他是航校教员出身，曾是空军特级飞行员，在处理事情时协调能力很强。聂海胜性格稳重，平时话不多，做事踏实，有很好的配合精神，一旦认为是正确的决定，他就会无条件服从。

因为“神五”只有一名“乘客”，不存在分工和配合问题，但“神六”的飞行则由两人小组完成，所以小组组合要考虑他们的合作问题。飞船上两个人的工作是有分工的，需要默契配合。同时，两个人训练成绩上也要能够互补，并且愿意同对方一起执行任务，费俊龙和聂海胜不约而同地把对方当作了首选。

为了更好地完成任务，聂海胜和费俊龙尽量多地在一起生活、训练。慢慢地，他们了解彼此的性格、脾气、爱好，对事物的判断、反应、表情，从表情上他们就可以知道对方的意思。

这次飞行中，费俊龙和聂海胜分别担任指挥长和操作手。在升空过程中，指挥长根据自己面前的一张操作程序表，指挥操作手用手中的操作棒进行操作。因为穿着航天服，两名航天员能通过话筒与地面指挥控制人员直接对话，但两名航天员之间虽近在咫尺，却不能直接对话，每一个操作只能用手势交流，因此，两名航天员之间的配合默契至关重要。

这次太空飞行，两人配合得非常好，技术操作的可靠性和相互支持性都有了很大的提高，他们做到了“操作零失误”。他们二人必将被写入我国航天史的史册。

因为性格、学识、阅历等各方面的限制，每一个人都不是万能的全才，人们很难完全独自完成一项工作。一部好看的电影，除了耀眼的主角，还有默默无闻的配角，除了赫赫有名的导演，还有名不见经传的制作人员。他们都为这部影片的诞生贡献了自己的力量。再有名的导演、再大牌的明星，也不能一个人完成一部电影，这意味着个人的局限性，同时也代表了团队的力量。

我们经常说的一句话是一个好汉三个帮，一个篱笆三个桩。一个人再怎么了得，他的力量终归是有限的。个人要想进步提高，需要借助团队的力量，也需要别人的帮助支持。

对于一个企业来说也是如此，单靠团队中某个才华横溢的员工是不行的，个人的力量终究有限，只有团队的力量才是决定企业发展的因素。个人与团队中的其他同事应该优势互补，强强联合，这样才能发挥出每一个人的优势，从而使团队发挥出最大的战斗力。同时，个人有了团队的支持会更加如鱼得水，在这个平台上发挥出更大的价值，为整个企业的发展做出更大的贡献。

在职场上，我们应该努力为团队贡献自己的力量，同时也应当适当借助同事的力量来更好地完成工作，共同创造一个良好的工作氛围。单打独斗终究难以适应这个社会，独木不成林，只有依靠大家的力量，我们才能更好地拥抱未来。

002

[聪明的人会主动融入团队]

我们知道，大雁每年都要进行长途跋涉，北雁南飞一般都排成 V 字形或者一字形飞行，这种飞行方式可以使雁群更快更轻松地飞行。不仅如此，雁群还是一个非常完美的团队，它们内部有明确的分工：领头雁负责带队，因为它的体力消耗太大，所以领头雁会经常跟其他大雁交换位置；放哨雁在大家休息或者觅食的时候，不食不眠地负责警戒安全工作；青壮的大雁则会照顾老幼。科学研究表明，大雁组队飞行的速度要比单独飞行高出22%。

一个和谐的团队，必然如雁群一样有着一个共同的奋斗目标，并且团队内部分工明确、责任明确。每个人都有条不紊地进行自己的工作，每个人都要帮助他人，也可以得到他人的帮助，这样可以扬长避短，使团队力量整体得到优化，从而获得更大的战斗力，这样才能更好更快地实现团队的目标。

个人的力量是有限的，而一个有着高效执行力的团队整体战斗力必然是十分强大的。一个优秀的员工不会只依靠自己的力量傻干蛮干，而是会聪明地融入团队，与他人互帮互助。这是一种高超的职场智慧，也是提升个人执行力的必然要求。

美国曾经有一位明星棒球队员叫罗德基思，他是职棒大联盟西雅图水手队的球员，由于表现抢眼，他一度成为许多球队争抢的对象。

正因为如此，罗德基思也开出了许多匪夷所思的条件。比如，他要求两千多万美元的年薪；在训练场，他要拥有自己专属的棚子；要有供他自由使用的私人飞机等。

最后，原本对罗德基思势在必得的纽约大都会队决定放弃他。其实，以纽约大都会队的财力来说，他们是完全能够满足罗德基思的条件的，但是，他们仍然放弃了。他们认为，年薪问题倒是其次，主要是其他特殊待遇绝对不能被允许。如果答应了罗德基思的条件，也就等同于默许罗德基思独立于球队之外，这对整个球队是非常不利的。

胜利需要的是一支 25 个球员密切配合、团结一心的团队，而不是 24 个球员加 1 个特殊球员的偶像派组合。

如果我们在工作中不懂得融入团队，不仅会影响团队的工作，也不利于自己的成长。其实，个人目标和团队目标并不冲突，一个人只有从团队的角度出发考虑问题，才能获得团队与个人的双赢。在工作中，如果我们每个人都能够把个人目标和团队目标融合在一起，把个人融入团队，那么，这个团队就是战无不胜的。如果我们选择了特立独行，就成了这个团队的不稳定因素，相当于队伍里的定时炸弹，这样的人随时会给团队带来不可预料的损失，一个优秀的团队是不允许有这种人存在的。

一个人就像一滴水，很容易被干旱征服，一滴水只有把自己融入大海之中，才能够拥有长久的生命力，才能够抵御风险、战胜困难。因此，在工作中，只有把自己的理想融入团队的奋斗目标，我们才能更快更好地实现人生价值。

003

[团结就是力量，执行力 1+1>2]

有这样一个问题：如果要裁掉一个人，《西游记》里唐僧师徒四人组成的取经团队，有谁可以被裁掉？有人说要裁掉唐僧，因为他是团队里唯一不会飞的，不仅走得慢，而且老给团队制造麻烦，不是今天被妖精抓走，就是明天被美女招亲；有人说要裁掉孙悟空，这个猴子个性太强，野性难改，与企业文化格格不入；也有人说要裁猪八戒，因为他好吃懒做，一心想回高老庄；还有人说要裁沙僧，说他是个吃闲饭的，关键时候指望不上。

很明显，这个团队谁都不能裁，如果能裁，吴承恩老先生就不会费劲把他们都写上了。为什么呢？在这个取经的团队里，唐僧是一个领导者，他给大家制定战略目标，没有他，就根本不存在取经的任务，而且最后是要他交接经书的，所以他是不能裁的；孙悟空是业务骨干，降妖除魔全靠他，没有他，众人恐怕早变成妖怪锅里的菜肴了。所以，他也不能裁。

那么，整天嚷着要散伙的猪八戒要不要裁呢？当然也不能裁掉。猪八戒是团队中的润滑剂，可以调和某些矛盾，尽管他喜欢抱怨，但他对任务还是毫不含糊的，该拼命的时候一样操起大铁耙就上。

沙僧就更不能裁了。每个团队都需要踏踏实实干活的人，这种任劳任怨挑担子的员工，任何团队都不会嫌多。因此，这个团队里，虽然每个人都有缺点，但是却一个都不能少，缺了谁都难以顺利完成取经任务。

这就是团队的力量。每一个个体都有缺陷，但是，团结在一起就是一个强有力的团队，就是一个战则能胜的团队，就是一个一步一个胜利脚印的团队。在他们身上，我们看到的绝对是 1+1>2 的完美执行力。

美国迪斯尼动画公司是创意工业的基地，公司里有各种不同的部门，所以，加强团结在公司内就非常重要。

一部优秀的动画片是这样诞生的：首先，一个好的创意被领导层讨论通过后，董事会的副主席和经理就会召集动画片制作的总裁开会。在这个会议上，大家把公司各个部门的意见汇总讨论，从而确定最佳方案。

其次，方案确定之后，公司开始召集另一些人员开会，这些人员包括导演、艺术指导、幕后指挥等许多一线工作人员，这个会议则是具体讨论动画片的制作和构想，直到拿出一个一致意见。

在这个过程中，领导不会端起架子，摆出高高在上的姿态，而员工也不会为了迎合领导而放弃自己的真实想法，每个人都畅所欲言，真正做到集思广益。因为他们明白，自己是团队的一员，需要团结一心地向着一个共同目标努力。

在迪斯尼动画公司，没有哪个人或者哪个部门可以对一部动画影片宣称拥有所有权，因为一个独立的部门是完不成一部动画影片的。迪斯尼公司出产的动画片都是团队成员团结合作的结果，他们给全世界的人们带来了欢乐。

在现代社会，企业要想在市场中占据一定的优势地位，拥有竞争力，就必须打造一个优秀的团队。甚至可以说，优秀的团队能够成就一个企业的辉煌，而一个一盘散沙的团队必将断送企业的前程。每一个员工在工作中都应该跟其他同事优势互补、取长补短、团结协作，从而形成合力，使整个团队以强大的动力向着公司的战略目标前进，实现个人和企业的共同发展。

004

[学会分享才能共赢]

上帝带着一个人去看看地狱是什么样子的。他去了一看，发现地狱里的人围着一个大圆桌，桌上摆着丰盛的食物，但围在桌子旁边的人却一个个愁眉苦脸的样子。原来，每个人手里的勺柄都很长，尽管勺里装满美味的食物，他们却无法送到自己的嘴里。“太可怕了，”这个人说，“我们还是去天堂看看吧。”

没想到，到了天堂，那里的人也是同样地围在摆满食物的圆桌前，他们手里同样拿着勺柄很长的勺子，但他们却个个欢声笑语，脸上洋溢着幸福的笑容。原来，他们都用自己手上的勺子喂对面的人。因此，每个人都吃得饱饱的。

原来，分享才是最好的善意和最大的美德。

现代社会，如果我们凡事总是以自我为中心，凡事都首先为自己考虑，不懂得分享，就很难得到别人的认可、支持和帮助。这样的人是缺乏大局观和团队意识的，是组织中最不受欢迎的人。相反，如果一个人懂得分享并乐于分享，那么，他就更容易与他人进行信息的交流，并且，他与团队中的成员能向着同一个目标共同努力，积极行动，实现共赢。

霍世昌是香港圣安娜饼店的创始人之一，为什么是之一呢？因为他曾把一个极具前景的创业计划分享给了另外两个人。

霍世昌创业时只是一个22岁的毛头小伙子，那个时候正在电灯公司做一些有关技术维修方面的工作。这个时候，他谈了一个女朋友，这位女朋友喜欢弄些点心、蛋糕之类的食品，霍世昌非常喜欢吃。

霍世昌吃完以后，有了一点想法。他想，自己的女朋友只是跟着师傅学习了几天，就做出了这么好吃的东西，那她师傅做出来的食品不是会更受欢迎吗？

于是，霍世昌就找到了这位师傅，跟他说了自己想开饼店的想法。虽然当时西饼业在香港并未呈现出蓬勃发展的势头，但是，两个人英雄所见略同，都觉得这是一个“阳光产业”。于是，他们决定开店。但是，当时霍世昌和那位师傅都没有钱，那位师傅有技术，霍世昌有想法，看来还得找一位投资人，才能把店开起来。

于是，霍世昌做了一份包含预算、地点、资金、经营方针等详细内容的可行性计划书，然后找一位朋友商量，跟他分享了这个很值得憧憬的创意。他的朋友看过后，很高兴霍世昌给他送来了一个赚钱的好点子。于是，朋友很爽快地接受了计划书，他们三个便成为合伙人。

后来，他们每年增设一家分店，霍记饼店的生意越来越红火了。

如今，当人们问霍世昌是如何发家的时候，他总是笑着回答:“我是靠借钱开饼店，靠朋友发财的。”

假如霍世昌是一个不懂得分享的人，那么，他空有这个创意，但是一没技术，二没资金，再美好的创意也无法成为现实。霍世昌懂得分享，他把这个创意分享给懂技术的师傅，分享给有资金的朋友，就这样实现了自己的理想。

懂得分享才能共赢。分享的可以是看得见的物质利益，可以是精神方面的荣誉，还可以是思维上的一个创意。不论是在生活中还是在工作中，有时候别人的一次分享就可以转动我们命运的车轮，使我们的难题迎刃而解。

人们曾经为世界上哪种植物最结实而争论不休。直到有一天，有人提到了美洲的红杉，争论的声音才终于平息下来。红杉的高度一般为 90 米，相当于 30 层楼的高度。

木秀于林，风必摧之。一般来说，越是高大的植物，要想站得更稳，它的根系就必须扎得更深。但是，红杉并非如此，它的根很浅，在人们的想象中，只要一阵大风，它就会倒下。但是，拥有如此高大的树干和极不相称深度的根系的红杉树却无惧风雨，巍然屹立。它们到底是如何做到的呢?

原来，红杉树不是单独生长的，它们只要长，就是一大片，一棵接着一棵，一行连着一行，它们紧紧依靠着，它们的根彼此联结在一起。因此，即使是再猛烈的狂风，也无法撼动根部紧密相连的红杉树。

每一棵树的树根力量并不大，但是，它们彼此相连，如此一来，每一次狂风到来，它们都是以一个整体在对抗，这就是一股无法战胜的力量。

如果我们也能够学会分享，像红杉树一样把自己的力量分给别人，同时也借助于别人的力量，让自己的根更坚固，那么，我们就能够抵御各种风险，解决各种困难。

懂得分享是一种积极的生活方式，也是一种充满

善意的处世哲学。叔本华说："单个的人是软弱无力的，只有同别人在一起，他才能完成许多事业。"

分享是联结团队成员之间的纽带，只有与他人共享信息和资源，分享荣誉和机会，才能与他人在团结互助的氛围下实现共赢。现代社会，单个人的力量太小，只有懂得分享的人才更容易得到周围同事和朋友的帮助，才能借助众人的力量走向成功。

005

[不当最短的那块木板]

如果你是一位管理者，现在公司财政困难，需要裁员，那么，你会裁掉谁?

管理学中有一个著名的"木桶理论"，以前的水桶都是用一块块的木板箍起来的，决定木桶盛水量的不是最长的那块木板，而是最短的那块木板。

这个道理非常简单，对于一只木桶来说，其中的某一块木板或者几块木板再高都没有用，水一旦漫过了最短的那块木板就会溢出。在一个公司里，肯定也有这样的“短板”员工存在，这样的员工拖了公司的后腿，制约了公司的发展。

因而，回到开头的问题，在任何一家企业中，“短板”员工都是裁员名单的备选。要想在职场上得到发展，就不要成为团队里那个最差的人，不然，团队裁员的时候，一定第一个就会想到你。

松下幸之助有日本的“经营之神”之称，他年轻时曾经在一家电器商店当学徒，他的工作就是干些杂活。

当时，同时进入这家店里帮工的还有另外两个学徒。开始时，三个人的薪水都很低，薪水少了，人们自然就动力不足，因此，另两个学徒不再像刚开始时那样勤快上进了，而是工作日渐马虎、消极应付起来。

松下幸之助跟其他两人一样，以前从来没有做过电器方面的工作，他看什么都觉得新奇，面对着那么多的电子产品，他有了危机感。

为了提高自己，他开始学习电器知识，时间不够用，他就每天比别人晚下班，用这段客人很少的时间阅读各种电子产品的说明书。他还报名参加了电器修理培训班，他希望自己能成为一个有技术、懂知识的电器行家。

他花了大量的时间来学习电器知识，通过不断的努力，他终于从一个对电器一窍不通的学徒变成了一个专家。当顾客来购买电器的时候，他侃侃而谈，有时候还自己动手修理那些坏掉的电器，或者利用那些坏电器的材料重新设计组装。

店主感到非常惊奇，同时对他大为赞赏，不久便聘请他做了正式员工，提高了他的薪水待遇，并且将店里的很多事情都放心地交给他处理，这为松下开创自己的事业打下了坚实的基础。

在一个企业中，许许多多的员工共同构成了企业这个组织，如果因为某个人的能力不足或者执行力不强，影响了企业的整体发展，那么，企业的“这块短板”就该拿掉了。

对于一家企业来讲，也许自己的团队已经存在很长时间了，团队里的领导和下属感情非常深厚，即使有些员工不能完全胜任自己的工作，但出于现实因素的考量，领导也不忍心辞退他。这样的情况确实存在，但是，这对公司的长远发展绝对是不利的。企业最终经营不善破产，才是对整个团队最大的伤害。

通用电器公司以令人不可想象的速度持续成长了几十年，创造了企业发展史上的奇迹。全世界的企业家都在探索通用电器公司成功的秘密，学习通用电器公司前首席执行官杰克·韦尔奇的管理方法。杰克·韦尔奇成了全世界企业界追捧的对象。

杰克·韦尔奇曾说：“我不懂怎么造飞机发动机，

也不懂得电视行业，但是，我知道怎样选拔合适的人到合适的岗位。”他极力提倡在组织中对员工绩效进行区分，主张实行末位淘汰制。每年，韦尔奇要求领导们必须区分出哪些人是最好的20%（A类），哪些人是中间的70%（B类），哪些人属于最差的10%（C类），要求提出这些人的姓名、职位和薪酬待遇，表现最差的员工通常要被淘汰。

新上任的经理第一次确定最差的员工没什么太大的麻烦，但事情越来越困难，到最后，“简直就成了一场战争”。他们认为，那些明显最差的员工已经离开了这个团队，就不愿把其他人放到C类里去。

他们已经喜欢上了团队里的每一个人，和每一个人都有了感情。到第三年，假如说他们团队有30个人的话，对于底部的10%，他们经常左思右想，哪一个都不忍心下手，连1个都确定不出来，更别说3个了。

有些人认为，把员工中底部的10%清除出去是残酷或者野蛮的行径。韦尔奇却不这样认为，他说：“事情并非如此，而是恰恰相反。让一个人待在一个他不能得到成长和进步的环境里才是真正的野蛮行径或者‘假慈悲’。先让一个人等着，什么也不说，直到最后出事，实在不行了，不得不说了，这时候才告诉人家：你走吧，这地方不适合你。而此时他的工作选择机会已经很有限了，而且，他还要供养孩子上学，还要支付大额的住房贷款。这才是真正的残酷。”

短板本身也是有用的，只不过短板会制约企业的发展，因为个体的落后而影响了整体的实力，其他木板都在加长，短板的负面作用就会更加明显，企业要往前走，迟早是要丢掉这个包袱的。

人无远虑，必有近忧。在职场中行走，我们一定不能安于现状，甘于平庸，今天公司还蒸蒸日上，你还过着衣食无忧的日子，明天就可能风云突变，陷入危机，而任何一家企业精减人员时，都只会留下那些能力出众、能给团队带来明天的员工，而平庸懈怠的人就要被淘汰。我们要防止这样的悲剧发生在自己的身上，就要不断提高自己，只有每个团队成员都不断得到提高，才能使木桶盛的水越来越多，个人的职业前途才能更加美好。

第九章

执行力
从变通中来

很多人在工作中做事死板，思维僵化，面对新问题、新现象束手无策。人之所以是万物之灵，就是因为人能够思考，能够开动脑筋想办法。在工作中，我们应该突破思维定式，创造性地工作。

001

[打破常规的束缚，创造之前必先破坏]

对待工作要有灵活的处理原则，但在工作中，许多员工抱着坚守工作岗位、坚决不越权半步的观念，缺乏创新精神，认为创新与优化是领导、上司的事情，非自己的能力所能及，与自己没有什么太大的关联，自己只要把分内工作做好便可万事大吉了。可以说，这样的工作方式绝不是最负责的工作方式。

一家化学实验室里，一位实验员正在向一个大玻璃水槽里注水，水流很急，不一会儿，水槽就灌满了。于是，那位实验员去关水龙头，可万万没有想到的是水龙头坏了，怎么也关不住。如果再过半分钟，水就会溢出水槽，流到工作台上。水如果浸湿工作台上的仪器，便会立即引起爆裂，里面正在起着化学反应的药品一遇到空气，就会突然燃烧，几秒钟之内就能让整个实验室变成一片火海。实验员们面对这一可怕情景，惊恐万分，他们知道谁也不可能从这个实验室里逃出去。那位实验员一边去堵水嘴，一边绝望地大声叫喊起来。这时，实验室里一片沉寂，死神正一步一步地向他们靠近。

就在这时，只听啪的一声，在一旁工作的一位女实验员将手中捣药用的瓷研杵猛地投进玻璃水槽里，将水槽底部砸开一个大洞，水直泻而下，实验室一下子转危为安。

在后来的表彰大会上，人们问她，在那千钧一发之际，怎么能够想到这样做呢？这位女实验员只是淡淡地一笑，说道："我们在上小学的时候，就已经学过司马光砸缸了，我只不过是重复地做一遍罢了。"这个女实验员用了一个最简单的办法避免了一场灾难。

人们在固定的环境中工作和生活，久而久之就会形成一种固定的思维模式，很容易形成盲从。在管理过程中，当面对难以解决的问题时，就不能打破常规，以超常思维去解决新问题，使问题获得新的解决方案。

大多数人都相信自己的经验，害怕改变，担心这种改变会给自己的工作带来不必要的麻烦，会给经营带来风险，认为目前的产品还能勉强维持……这些原因使我们不能以超常思维改变定式，其实改变定式的思维对于工作的成败具有非凡的意义。但遗憾的是，许多员工宁可相信自己那种并非最佳选择的习惯，也不愿打破常规。

艺术大师毕加索指出："创造之前必须先破坏。"破坏什么呢？就是传统观念和传统规则。面对瞬息万变的市场环境，只有敢于挑战规则、打破常规，尝试新事物，运用新方法，敢于承担风险，才能有所作为。如果我们不能打破思维定式，我们就会陷入更加危险的境地。

002

[没有做不到，只有想不到]

领导都希望自己的员工是敢想敢干、充满闯劲的一群人。然而，不少员工却怀着谨慎小心、安于现状的心态，害怕承担责任，不敢相信自己能有所成就，结果一辈子庸庸碌碌。其实，很多看似不可能的事情并非一定不可能，只要敢想，积极地去思考，没有什么事情是不能实现的。

在工作中，一定不要在任务开始之前就怀疑自己做不到，只要你相信自己可以就一定可以。困难是每个人在做每件事的时候一定会遇到的，甚至会伴随一生。很多人遇到挫折的时候就认定自己过不去那个坎儿，甚至都不尝试着去努力，他们总是说“我一定不行”“他都不行，我当然更不可能行了”，第一件事就是彻底把自己否定了。事实是不是真的是这样呢？这个世界上没有解决不了的困难，冷静下来，认真地将问题展开来分析一下，解决的办法马上就会出现。

有一家公司招聘员工，来面试的人很多，公司主管当场给面试者出了一道题：把梳子卖给和尚，以一周为期，卖得多者将被录用。试题一出，立即就有很多人大呼不可能，甚至有人当面说他们在耍人。其中，有三位敢想敢做的面试者，他们带着梳子去了寺庙。

一周以后，三个人一起来到公司。主管问第一个面试者卖了多少梳子，他说：“一把。”然后，这个人一把鼻涕一把泪地讲了自己卖梳子的经过：寺院里的和尚一听说他是去卖梳子的，二话不说，拿起棍子就把他打了一顿，并且把他赶出了寺庙。浑身是伤的面试者委屈地坐在庙外，这时候，有个脏兮兮的小和尚一边挠头一边走过来，面试者趁机卖了一把梳子给小和尚挠痒痒。第二个面试者卖了 10 把梳子，他去的是一个名山古寺，这里游客很多，山上的风很大，很多游客的头发被风吹乱了。这时候，面试者找到住持，说寺庙可以把梳子送给游客，他成功卖掉10把梳子。主管问第三个面试者卖了多少梳子，第三个人回答："1000把！"主管大吃一惊，问他怎么卖的。第三个面试者说他到的也是一个久负盛名的宝刹，来这里的朝拜者络绎不绝，他找到住持说："香客都是带着一颗虔诚的心来的，宝刹应该有所回赠，住持可以在梳子上写上'积善梳'，回赠给香客。"住持听后大喜，立刻买了1000把梳子。

就这样，第三个面试者成功被录用。

有头脑的员工是每个公司都想要的。带着思想工作的人能够在绝望中看到希望，如果摆在他面前的是一幅被毁坏的画，他依然能云淡风轻地在画中加入自己的东西，完成一方绝美的景。只有那些在既定的环境中能从"不可能"中看到希望，并把事情做到极致的人，才最有可能获得成功。

1921年6月2日,《纽约时报》为纪念电报诞生25周年，发表了一篇评论，文中透露了这样一个信息：现在人们每年接收的信息是25年前的25倍。

在很多读者眼里，这只是一条信息而已，一句很普通的话，很多人看过之后便忘记了。但是，还有一些喜欢思考的人抓住了话中隐藏的极具商业价值的信息，美国至少就有16个人对这条信息做出了反应，他们准备创办一份文摘性刊物，他们先后到银行存了500美元，并且办好了营业执照。

但是，当他们到邮政部门办理相关手续的时候被告知，由于即将举行的中期选举，文摘性刊物暂时不能办理，而且不知道什么时候能开禁。听到这样的话，15个人立刻递交了暂缓执行的申请，但是，有一个人按照计划租了一间地下室，并且和未婚妻一起糊了2000个信封，并装上征订单寄了出去，然后,《读者文摘》诞生了。

统计显示，到20世纪末,《读者文摘》拥有19

种文字和48个版本，畅销127个国家和地区，年收入5亿美元，并且在美国期刊排行榜上稳坐第一把交椅。创造这个奇迹的人，名字叫德威特·华莱士。他用实际行动把“不可能”变成了“可能”。

如果员工在工作中都能像华莱士一样换一种角度去看问题，而不是一味消极地去想事情，能够看到事情好的一面，那么，不但能提高公司的效益，对自己而言，也是很有意义的思维转变。如果华莱士也像其他人一样认为事情是不可能的，那么，我们今天就不可能读到《读者文摘》了，他本人也不可能成为著名的企业家。

敢于思考并敢于向困难挑战的员工，在这个人才短缺的市场，始终供不应求。敢想才能激发活力。成功和冒险是并存的，只有一个敢把“不可能”变成“可能”的有魄力的人才能实现自己的真正价值。很多成功人士并不一定比你会做，只是他们有敢想敢干的冲劲。

003

[突破思维定式，不做经验的奴隶]

每个人都有从小到大形成的某种思维模式，它或根据自己的体验得出，或从课本上学到，或者是别人的经验，总之，很多人都在这样的经验中生活。但是，世界在一天一天地变化着，过去的经验随着时间的推移和情况的转变已经变得不适用了，我们应该突破思维定式，不要做经验的奴隶。

在工作中经常能遇到意想不到的事情，这时候一定要打破常规的思考方式，找到解决问题最简单、最有效的方式。也许很多人都知道突破思维定式的重要意义，但是，就是没有胆量去改变，似乎改变就意味着对以前的否定。事实上，改变过去并不是否定过去，而是使自己更加完善。换了一家餐馆吃饭不仅同样能让你吃饱，还能让人尝到更多新鲜的口味。

皮尔·卡丹是著名的服装品牌，然而，谁能想到皮尔·卡丹创始人年轻的时候一贫如洗，甚至自己都没有一件像样的时装呢？

在进军巴黎“世界时装之都”之前，皮尔·卡丹只是一个小小的学徒，但是，他醉心于时装，在当学徒的时候，他不仅认真做好自己的本职工作，并且虚心向前辈请教，从不满足于现状。他不断翻新自己服装的花样，很快就小有名气，甚至一些达官贵人家的太太小姐指名让这个年轻的学徒给她们做衣服。

创建公司的时候，皮尔·卡丹才28岁。在竞争激烈的时装之都，皮尔·卡丹的公司简直可以算是富豪区的贫民窟，除了满脑子的不同于别人的思想，皮尔·卡丹几乎一无所有。然而，他天生就是一个喜欢挑战的人，越是不可能的任务，他越是要做，而且还要做好，他从来不相信有别人能做而自己做不到的事情。皮尔·卡丹大胆的设计风格、独特而价格适中的女性服装，很快就有了一个很大的市场。之后，皮尔·卡丹的目光又看向了男性服装，并且也取得了斐然的成绩，创造出享誉世界的国际品牌。

从皮尔·卡丹的示例中我们可以看出，一个人是否能成功并不取决于他的资产是不是足够丰厚，而在于他是否会变通，是否敢于打破墨守成规的习惯。如果一个公司的人都是用同样的方式去思考问题，那么，碰到一个新问题的时候，仅仅会得到一个解决方案。公司的整体方向会越走越窄，这对于企业来说是非常危险的。只有员工敢于打破常规，企业才能在职场上具有长久的竞争力。

看看我们周围的世界，同样表情面孔的人太多了，他们每天过着千篇一律的生活，接收着相似的讯息，或许其中的很多人想要改变，但是，大多数人还是按照原有的思考方式去思索自己如何改变，这样只是在原地踏步，还是做了经验的奴隶，仍然无法冲破自己固有的思维模式。

那些敢于突破思维定式的人，一定是敢于创新的人，他们不畏惧他人的目光，始终坚持自己的观点和态度，或许他们在短时间内会让身边的人觉得无法接受，但是时间会证明一切。

004

[创新思维创造奇迹]

在公司中最受欢迎的永远是那些能够提出新思想、有创新能力的员工。创新是一个企业的灵魂，也是一个员工取得核心竞争地位的重要因素，运用创新思维，才能打造人生奇迹，实现人生价值。

我们总是很羡慕一些发明家、科学家，然而，却没有想到谁也不是天生的发明家，很多新科技的发现往往并不是专业人士研究出来的，而是源于一些普通人的突发奇想。我们都是发明家，因为我们都有一个不断创新的头脑。一些人之所以能成功，并不单单因为他比普通人拥有更多的知识，还因为他懂得创新，并抓住了创新的机会，他们敢于打破常规，从新的角度去思考问题，追求突破，追求新意。

法国著名的化妆品公司——香奈儿公司开始是一个名不见经传的小品牌，没有什么名气。有一天，一位员工找到领导，并向领导提出了一个看似很荒唐的建议。随后，人们在报纸上看到一则这样的新闻：一个名叫香奈儿的小品牌公司精心挑选了十位丑女，将在周六晚上亮相巴黎大舞台。人们的好奇心立刻被勾了起来，大家都想要看看那十大丑女，更想看看这个公司葫芦里到底卖的什么药。

周六晚上，巴黎大舞台果然聚集了很多看热闹的人，当香奈儿公司精心挑选的十位丑女登场的时候，人人都惊呼果然很丑。这个时候，香奈儿女士笑容可搠地走出来，她告诉大家，请大家给她几分钟展现香奈儿化妆品的功效。几分钟之后，十位丑女再次登场，人们眼里看到的却再也不是丑女了，而是一个个风情万种、各有特色的美女。从此，香奈儿品牌名声大噪。

和香奈儿一样，日本东芝电器公司曾经遇到电扇滞销的难题，很长时间以来，他们的电扇销量都停滞不前，公司高层想了不少办法，但是仍然不能取得很好的效果。这个时候，一个员工向公司提了一个建议，那时候的电扇都是黑色，这个员工提议给电扇着色，让电扇不再是单调的黑色。公司经过商量后决定采用这个建议，不久之后，市场上开始有了浅蓝色的电扇，东芝电器公司滞销的电扇很快销售一空。

一个好的创意能使一个濒死的公司活过来。当一个解决方法不能够解决问题的时候，一种新的角度或者新的思想能在瞬间开辟一条新的路径。走在别人开辟出来的道路上，我们永远也不可能走出自己的路，只有创新，才能凸显自己的价值，实现企业领跑。创新直接关系到员工的未来，只有能不断创新的员工才能做职场上纵横驰骋的骄子。

创新并不是要你去改变世界，在工作中，创新很多时候是一种思维的转换。只要能适时地转变自己的思想，每个人都可能成为聪明的创新者。

所有的大公司招聘人才时虽然都有自己的侧重点，但是，他们都有同一个要求，就是新员工必须能够自主创新，有自己的创意，因为创造性地解决问题是一个人智慧的最终体现。

一个有创新思维的人，即使你的经验不是最丰富的，技术不是最熟练的，但是因为你有善于创新的大脑，那么，在工作中你所创造的价值也是非凡的。能够创新的人也就是懂得变换角度看问题、不会墨守成规的人，这样的人一旦进入一个公司，就像给一潭死水注入了新的生命力，不但能够出色地完成自己的任务，而且更能为公司的大目标做出自己的贡献，成为受领导器重的人。在工作中，我们要发挥自己的奇思妙想，从不同的角度去思考问题，找到最快、最有效的解决问题的办法。

005

[不随大流，走不寻常的路]

由于互联网的普及，所有的信息都能快速地传播开来。这时候，很多大趋势就形成了。要想在职场中拥有绝对的一席之地，就不能盲目地随大流，要有自己的特色，走不寻常的路，才能立于不败之地。

有一个著名的毛毛虫实验，说的是把许多毛毛虫首尾相连，围成一圈，把它们放在一个花盆边缘，并在离花盆不远的地方撒满毛毛虫喜欢吃的树叶。于是，毛毛虫开始沿着花盆一个紧接着一个地爬。一小时过去了，毛毛虫还是那样首尾相连地爬着。一天过去了，毛毛虫还是那样爬。七天之后，它们不爬了。因为所有的毛毛虫都因为饥饿疲惫而死，没有一条毛毛虫偏离爬行的轨道，依旧是首尾相连的方式，死在食物旁边。也许不应该用圆形的花盆做实验，因为毛毛虫以为自己一直在前行。但是，即使换成别的形状，真的会有毛毛虫离开队伍，独自找寻食物吗？

在工作中，很多人每天干着一样的工作，他们对现状不满，但是从不要求改变，因为其他人也是这样生活的。

然而，只有把自己的脑子从“都一样”的怪圈里解放出来，自己单独坐下来思考属于自己的路的时候，这个员工才算有了灵魂，才能做出令自己和领导满意的成绩。工作中遇到困难的时候，人们喜欢拿出以前的方法，像套公式一样生搬硬套。可是，世界上没有两个问题是完全一样的，当问题不能完美解决的时候，有些人还是不敢打破固有的思维方式，不敢推陈出新，找到一条合适的路。这其实非常不利于企业和个人的长远发展。

李悌是一个不喜欢按常理出牌的人，他的想法总是让人觉得莫名其妙，甚至是荒诞的。但是，正是他这种不跟风、不随大流的个性，成就了他自己，也成就了宝丽来。

开始决定在中国台湾经销宝丽来的时候，李悌做过一番市场调查。当时台湾地区眼镜市场出售的大多是一些低廉的便宜货，虽然价格不高，但是质量很没保证。李悌就是抓住台湾地区市场的这个特点，定下了一条死规定：任何在台湾地区出售的宝丽来眼镜都不准降价或者打折出售。因为他认定了宝丽来这种真正有偏光、摔不破，又能过滤紫外线的高质量的太阳镜性价比比那些动不动就打折的便宜货高很多。

不久，事实证明李悌是正确的，宝丽来成为和劳力士、欧米茄一样的高档品牌。

促使李悌成功的，就是他那种不跟风、不随大流的性格。条条大路通罗马，尤其是现代社会，变化越

来越快，竞争也越来越激烈，怎样使自己不淹没在时代的大潮中呢？那就得另辟蹊径。很多公司都有着铁一样的规章制度，很多人也都严守着这样的铁律，以为一切按照公司制度来就可以相安无事了。然而，这样的想法大错特错。在始终变化的环境中保持不变，本身就是一种危险。在极度需求创意的时代，保持旧的想法和理念，也就意味着企业的落后。

所以，在实际工作中，我们不能老是跟在别人身后转，适用于别人的方法并不一定适用于自己。职场中的精英们一定要运用自己的思维，突破局限，创造性地工作，如此才能在工作中做出成绩。

第十章

执行力
从专注中来

专注力，是一种心无杂念地活在当下和做在当下的能力，工作时专心工作，休息时专心休息。当我们专注投入地做一件事，思考一个问题，大脑会自然而然地跟着转动，而深入思考的能力也会在这个专注的过程中一步步培养起来。

001

[像瑞士手表一样精准]

全世界的出口手表中，每十块就有七块来自瑞士。瑞士手表的计时十分精准，被称为世界上最准时的手表。为了保障手表的准时，制表商们采用不锈钢、铜、铝等材料生产的零件，精密度达到 0.002 毫米，相当于头发丝的 1/40，需要在显微镜下生产。最小的滚珠，每克原材料能做出 1000 多颗。

精准，是流淌在瑞士人血液里的特质。无须赘言，从瑞士手表、瑞士军刀到精密仪器，瑞士人将精准都体现得淋漓尽致。在瑞士，公交车、火车以及出租车等所有的公共交通在通常情况下都是准点的，而且站台的时刻表会清楚地标明每个小时第几分钟会来车。

因为周末车次少，他们还会把周六、周日单独分成两列。只要提前规划好，你不用担心公车晚点，不用担心堵车迟到。据说，有一次某城市的火车因意外晚点了五分钟，火车公司还在报纸上登了个道歉声明。

苏珊·简·吉尔曼是一名美国作家，过去11年来，她一直住在日内瓦。她充满崇敬地回忆说："瑞士人做每件事都很守时，如果有人和我约定下午两点见面，他们绝对会在两点到，而不会是两点零五分或一点五十五。"有一次，吉尔曼预约了牙医，因为晚到了十分钟，就没法看了，又得重新约，而且她还被医生当成怪物一样看了半天，牙医很疑惑地说："我从来没见过晚这么久的人呢。"如今的吉尔曼守时到近乎苛刻，"说什么时候到，就什么时候到，我非常尊重别人的时间。"她说，俨然一副瑞士人的口吻。

到底是先有准时的钟表，还是先有准时的瑞士人民？这很难说，但是结果都一样：这个国家的火车和一切事物真的一直都在准时运行。没有了时间的浪费，没有了精力的浪费，试问这样的效率是不是每个公司所向往的呢？试问在这样的效率下，经济能不飞速发展，人们能不安居乐业吗？

按时上班、按时赴约、按时参加会议等，守时是一个人的基本道德品质，更是员工在职场上立足的基本素养。然而，很多人在工作中做不到，他们经常挂在嘴上的是各种各样的借口："不好意思，路上堵车了，我迟到了""今天睡过头了""我记错时间了"等等。诚然，谁也不能保证预料之外的情况发生，但是将时间观念置之脑后，对工作不守时既是对他人的不尊重，也是对工作的不负责任。

搭车不守时，公交车开走了，你不能顺利到达目的地，会很麻烦；约会不守时，会无端浪费别人的时间，这就会带给别人不好的印象；会议不守时，同样会浪费大家宝贵的时间，导致会议无法如期开展，工作效率低下。可见，一个人一旦不守时，很多事情就无法顺利完成，守时实在是太重要了！

对于那些有专注精神的人来说，守时尤为重要，不少人把严格遵守时间当作工作的座右铭。因为他们深知，“一寸光阴一寸金，寸金难买寸光阴”，人生的每一分钟、每一秒钟都是极其宝贵的。他们之所以优秀，就归功于他们像瑞士手表一样精准，在工作上对时间的有效控制，从而变成了时间的主人。

30 多岁的康妮经营着一家大型服装厂，开着宝马，住着别墅，俨然是众人眼中的女强人。更令人羡慕的是，她的生活十分有情调，经常和朋友们吃饭、喝茶、聊天，每年还会出国旅游一两次。每当人们说康妮命真好的时候，她都是微微一笑，然后摇摇头。因为她知道，今天幸福的生活不是自己命好，而是自己努力挣来的。她在有限的时间里做更多的事，所以赢得时间能够给予的一切。

康妮曾经在一家服装厂任部门主管，每天醒来便觉得工作的事情很烦乱，为此只要从早上睁开眼睛的那一刻起，她就会督促自己要马上行动起来。康妮坚持每天五点起床，她会花一个小时的时间阅读公司的邮件，接着查看新闻、进行锻炼、做早餐，并照顾好儿子。而且，所有这些事情都会在八点半之前完成。她每天都会把自己一天的工作安排好，什么时候一定要做什么事，并且一直严格要求自己。当别人还在睡梦中时，康妮已经克服朦胧的睡意，开始了一天的计划和行动，她每天都能把事情做到别人前面，因此她看上去总是那么从容惬意，自然处处受到欢迎和欣赏。

在工作期间，康妮常于下午四点在办公室召开会议。只要规定时间一到，她不管人是否到齐，便按时开会。有一次，康妮邀请手下的几位组长一起开会，并且告诉他们，会议前半小时一起用餐。时间到了，那几位组长还未到，康妮便一个人吃起来。等那几位组长来到后，她非常不客气地让助手将饭菜端了出去，说："现在聚餐的时间过了，咱们开始研究事情吧。"就这样，这几位迟到的组长只好饿着肚子商讨事情，以后谁也不敢再迟到了，也开始学会珍惜时间。

后来，康妮意识到这份工作太没有挑战性了，虽然整天坐在宽大明亮的办公室，不用风吹雨淋，有大把大把的休闲时间，但相对地，赚钱少，升职机会小，发展难，不久康妮果断辞职，注册成立了一家服装公司。为了学会市场营销的基本常识，康妮在三天之内自学几十万字的材料，让自己在三天之内从一个门外汉变成一个行家；为了多争取一个客户，她骑着电动车，走街串巷，一家一家地叩开了各个服装店的大门；为了签下一个大订单，她在节假日时自己一个人在他乡，租住在偏僻的城中村……康妮的栉风沐雨很快换来了回报，早早走上人生巅峰。

为什么康妮能早早获得让无数女人望尘莫及的荣耀？正是因为她在最短的时间内不断付出行动，让自己的每一刻时间都精准，都有价值。正如康妮自己所说："年轻时就要争分夺秒去拼搏，对每一件事我都会告诉自己立刻去做，很快我就发现，我的每一天都充满了行动力和活力。"

时间就是生命，时间就是金钱，对别人的时间表示尊重，也就是对别人的生命表示尊重。这样的人，自然容易得到别人的好感和信赖，赢得更多成功的机会。

002

[行走在通向完美的路上]

胡适先生曾经写过一篇传记题材的寓言《差不多先生传》，讽刺了当时社会上做事不认真负责的人。故事中的主人公常常说："凡事只要差不多，就好了。"

小时候，妈妈让差不多先生买红糖，他却买回了白糖，并且说："红糖白糖不是差不多吗？"上学的时候，先生问他："直隶省的西边是哪一省？"他说是陕西。先生说："错了。是山西，不是陕西。"他说："陕西同山西，不是差不多吗？”在做伙计记账的时候，他常把“十”字当成“千”字，掌柜的常常责骂他，他却笑嘻嘻地说：“千字比十字只多一小撇，不是差不多吗？”……最后，他得了重病，家人跟他一样，把兽医王大夫当成给人治病的“汪大夫”，最后他活活被治死了。

当我们读到这个故事时，都会觉得这个“差不多先生”实在荒唐可笑。可在实际工作中，却有很多这样的“差不多先生”。这些人每天准时上班、准时下班，但是却只是应付差事，做事总是觉得差不多就好，不能严格按照工作标准来完成工作，做事不到位、不精细，最后什么工作也做不好。

苏珊在一家贸易公司做秘书，一次公司的采购员到东北一个小麦产区采购小麦，产家负责人给出的价格是一吨小麦1000元，采购员拿不定主意，于是给公司老板发电子邮件问：“小麦每吨1000元，价格高不高？买不买？”老板调查了一下市场价格，对苏珊说：

“哪有这么高的价格，现在最高的价格也不到900元，通知采购员，不行，就说价格太高！”于是，苏珊赶紧给采购员发了一封电子邮件。

没过几天，采购带着签订的购销合同回来了，老板莫名其妙，追查原因才知道，苏珊发的邮件本应该是“不，太高”，但她却发成了“不太高”，在“不”字的后面少了个逗号，采购以为价格不高，于是便和产家签好了合同。如果履行合同势必给公司带来100多万的经济损失，后来经过多次协商赔偿了对方10万元才算了事。当然，苏珊不仅挨了领导批评，还被公司辞退了。

“不太高”和“不，太高”不是差不多吗？可意思却相差十万八千里。

这里有一组数据，可以让那些认为“差不多”的员工大吃一惊。在美国，如果99%就够好的话，那么，每年大约会有11.45万双不成对的鞋被船运走；每年大约会有25077份文件被美国国家税务局弄错或弄丢；每天大约将有3056份《华尔街日报》内容残缺不全；

每天大约会有 12 个新生儿被错交到其他婴儿的父母手中；每天大约会有两架飞机在降落到芝加哥奥哈拉机场时，安全得不到保障……

不论是个人还是企业，如果满足于 99% 的工作成绩，那么就会把自己放在一个看似很美好，实际上却很危险的境地里，因为那一个被忽略的 1%，也许正是压垮骆驼的最后一根稻草。只有不满足于 99%，才是真正对工作负责任，才能激发出更大的潜力，最终使自己获得丰厚的回报。

价值型员工与普通员工的一个重要区别就是，在价值型员工的字典里，从来没有“差不多”的说法，对于他们来说，无论做任何事情，哪怕差一分一毫，都和没有做到无异。他们不会有任何的轻率疏忽，不会满足于做到八九分，而是力求达到最佳境地，努力做到十分、做到完美、做到极致。

世界上没有完人，也没有完美无缺的工作，我们并不否认，在一些事情上，没必要花费百分之百的心血也可以完成，甚至也会让领导满意。可是你要知道，

追求完美是执行的最好要求。艺术家在创作的时候，总是不断追求完美，不断修改自己的作品，直到达到心中完美的要求，最终也借此成就自我。

一天，法国著名雕刻家罗丹邀请挚友——奥地利作家斯蒂芬·茨威格到他家做客。在一间简朴的大屋子中，罗丹热情地向斯蒂芬介绍自己的作品，有已经完成的雕像，有刚刚完成大概轮廓的雕像，还有一些人体局部的雕像，比如一只胳膊、一只手、一根手指，等等。在这间工作室中，斯蒂芬看到了罗丹对于雕塑的热情和对于艺术创作的追求。

之后，罗丹带着斯蒂芬来到一个台架前，并且兴奋地说："这是我最近完成的作品，我相信你一定认为它是完美的艺术品。"说完，他将盖在雕像上的湿布揭开，一座姿态优美、惟妙惟肖的女人雕像立即出现在他们面前。

罗丹绘声绘色地介绍这座雕像，突然他停顿了下来，对斯蒂芬说："这肩上的线条有些粗糙。不好意思，请你稍等一下。”于是，罗丹立即拿起刮刀、木刀片轻轻划过软软的黏土，使雕像的肌肉轮廓有了一种更柔美的光泽。他健壮的手动起来了，他的眼睛闪耀着智慧的光芒。随着一块块黏土的掉落，雕像变得越来越生动。

“还有这里也需要修改，还有这里……”罗丹把台架转过来，又修改了一下。他捏好小块的黏土，粘在塑像身上，又刮开一些……他完全陷入了创作之中。罗丹的动作越来越有力，如醉如痴，他没有再同茨威格说过一句话。

就这样，过去了一个小时、两个小时……最后，罗丹看着这座完美的雕像，脸上充满了欣慰的微笑，才舒坦地扔下刮刀。当他转过身时，看到了茨威格才想起自己正在会见客人。他不好意思地说：“太对不起了，我完全把你忘记了，可是你知道我必须确保我的每一件作品的完美。”

无疑，正是对完美的执着追求，成就了这位伟大的艺术家。

工作的过程也是一个创作的过程，和艺术家创作的时候一样，都需要一种精益求精的精神。追求完美是一个坚持不懈的过程，要时刻想着把工作做到完美。当我们每一次改掉工作中的不足时，当我们每一次进步时，之后的改变就是完美的，自然自身的能力、价值也会得以提升。

003

[比最好再好一点]

99 分、100 分和 101 分之间，从量上看相差微小，在质上看何止天渊。99 分实际值是 –1 分，100 分实际值是 0 分，101 分实际值是 1 分。过去的时代，同一个行业可以有很多种存在。今天，互联网时代，要么全输了，要么全赢。过去，我们做的是满意度调查。而现今我们追求的是“尖叫值”，尖叫值的标准要远远超过满意度。

那么，如何实现尖叫值？那就是坚持没有最好，只有更好。

每个人的职责有所差别，也会有不同的成就，但一个具备专注精神的员工，任何时候都决不会满足于做到最好，他们追求的是——要做到更好。

最好，从一定程度上已经算是合格了。但如果站在另外一个角度来看，不管是“最好”还是“更好”都是相对的，都局限在一定的范围内。而在更大的范围里，会有更多的“更好”，和这些“更好”相比，“最好”也会逊色的。

别以为做到“更好”很难办，事实上它非常简单，当你建立了“更好”的理想，必然要求自己做得比别人更完美，在工作中不断地精益求精，这就充分调动起了你的智慧和力量，促使你不断地学习专业知识，不断地拓宽自己的知识面。这时候，你本身就比别人

“更好”了，就与普通人区别开来了。

胡明刚刚进入一家业内知名的广告公司，便接到了策划总监交代的一项任务——为一家知名的IT厂商做一个新品发布会的策划方案。毕业于名牌大学、有着丰富策划经验的胡明自认为才华横溢，轻轻松松地仅用一天时间就把方案做完了。但是，当他把电子版方案拿给策划总监看的时候，谁知策划总监看都没看，却问了他一个问题：“在你看来，这是你所能做的最好的方案了吗？能不能更好些呢？”胡明想了一下，小声地回答道：“或许我可以再改进一点，我想如果再做些改进的话，应该会更好。”于是策划总监给了他一个“重做一份”的答复。

这一次，胡明稍微认真了一些，用了两天的时间重新起草了一份方案，这次他觉得方案做得还不错。然而，这次策划总监依然没有看方案，而是继续问了同样的问题：“在你看来，这是你所能做的最好的方案了吗？能不能更好些呢？”胡明听了策划总监的话，顿时一怔，没敢回答。策划总监笑了笑，随即轻轻地把方案退给了胡明。胡明默默地走出了策划总监的办公室，这一次他下定决心一定要努力将方案做得更好。

一个星期之后，胡明彻底地将策划方案认真完善，做到了毫无纰漏。当策划总监看到这个方案的时候，依然问了那句话："在你看来，这是你能做的最好的方案吗？能不能更好些呢？"这一次，胡明毫不犹豫地回答道："是的，我认为这是最好的方案，比之前的都更好。"说完，只见策划总监点点头，说道："好，这个方案通过。"

策划总监并没有直接告诉胡明他应该做什么，而是通过"能不能更好些呢？"这种严格的要求来训练下属必须尽最大努力做到更好。显然，这样精益求精的工作态度不仅是对企业负责，也是对员工自身负责。想必那位总监之所以能做到高位，应该和他这种严谨的工作风格是分不开的。

没有最好，只有更好。执行就是这样，不讨厌精，不讨厌细，只有不断提高的标准，永远没有绝对的好。专注就是持续地做、系统地做、坚定不移地做，把某件事情做到极致。我们也只有在持续不断倾注心血的过程中，才能发现问题，或者发现解决问题的办法，最终成长为公司不可或缺的价值型员工。

004

[不满足于尽力，要竭尽全力]

相信很多人对这样一些现象感到困惑——为什么同样一件事，别人做得好，自己却怎么努力都做不好呢？为什么自己那么辛苦，工作多年依然默默无闻、毫无建树，有的人却成为佼佼者，不停地创造着奇迹……于是，有些人便开始抱怨自己的命不好，羡慕别人比自己运气好。

真是这样吗？我们先来看一则故事：

第二次世界大战期间，欧洲第二战场还没有开辟的时候，有一队美国士兵将要被派到德国去做间谍。因为盟军部队不能接近德国领土，送他们去的飞机只能在天上把他们空投下去。在出发前的一个月，长官告诉他们这一个月里必须要学会德语。一个月之后，不论他们有没有学会，都得出发。

当时这些士兵都还不会说德语，回答长官说："我们一定尽力学会。"

"不，"长官严肃地说，"如果你们的德语学不好，说得不像，一旦你跳下飞机开口说话，德国人就会把你们分辨出来，你们很可能就会没命了。"

学不学得会德语，立刻成为生死攸关的大事，为此，士兵们不得不严肃对待，他们开始竭尽全力地日夜苦学。一个月后，几乎人人都能说一口地道的德语，有的士兵甚至连口音和语调都非常像德国人。

凡事仅仅做到尽力而为还远远不够，必须做到竭尽全力才行。

很多人可能要问，尽力而为和竭尽全力有什么不同呢？这就涉及潜力，每个人都有无限的潜力，但大多数人只发挥了不到10%，剩下90%以上的潜力被深藏起来，这是尽力而为的结果。而竭尽全力则是全身心地投入，使出浑身解数，力求达到最佳境地，丝毫不会放松，丝毫不会轻率，如此便能有效激发剩余的潜力，进而完美地完成工作，甚至是原本不可能完成的工作。

每个人都有无限潜能，人的潜能都是被逼出来的。

素素是一位20多岁的女孩，她仗着家庭环境上的优越，对待工作漫不经心，每天得过且过，而且挥金如土。后来，她父亲遭遇了生意的变故，母亲也生了重病，家境一落千丈。没有了父母的支持，素素过得很狼狈，经常借钱度日，这时她才悔不当初。素素原本做办公室文员，朝九晚五，风不吹日不晒，但为了能挣到更多的钱，改变家里的经济现状，她只好转行做销售，四处奔波。

哭的时候没人哄，素素学会了坚强；怕的时候没人陪，她学会了勇敢；累的时候没人可以依靠，她学会了自立。素素全力以赴地努力工作，渐渐地她的工作能力越来越强，收入也水涨船高，更重要的是，她找到了自我，发现原来自己可以如此优秀。

人是被逼出来的，只有有压力才会有动力。

换句话说，任何人不论才智的高低，背景的好坏，也不论愿望多么地难以企及，都要全力以赴，竭尽全力。你或许会疲惫不堪，或许会伤痕累累，但这能开发自己的潜力，逼着自己出类拔萃，逼着自己走向成功彼岸，你的个人价值会越来越高！

不要再以“我尽力了，结果不理想”的借口敷衍自己，你想要具有出类拔萃的表现，那就竭尽全力去做事；你想获得称心如意的生活，那就竭尽全力去拼搏……被动的命运并非不可逆转，毫不犹豫地去除自己的惰性，对工作全力以赴、精益求精，你离掌控自己的人生也就不远了。

005

[简单的事情用心做，你就是专家]

在不少人看来，我们每天上班所做的工作也许就是周而复始地重复着做一个动作，重复着说一句话，重复着办一件事，重复着走一条路，做的也许在别人眼里是既简单又单调的事，再怎么努力也无济于事。

殊不知，把简单的事情做好就是不简单，把单调的事情做好就是专家。

过去，人们学手艺、学做生意，都有一项不成文的规定，一开始都是从打杂跑腿的工作做起。没有人喜欢做这样简单而枯燥的工作，而师父之所以规定学徒从扫地、擦桌子等简单小事做起，其用意在于磨掉新人的傲气和散漫，培养他们的匠心精神，这样才能为以后成大业打下良好的基础。

同理，一个公司有各种各样的事情，公司交给你的最简单的事情都是给你的机会，都是对你的器重，同时也是对你的考验，将这些事情做好了，你展示了自己的才能，迟早都会受到重用的。试想，如果一个人连那些简简单单的事情都没办法做好，那么领导怎么放心让你落实重要的事情呢？

薛洋是一个影视工作室的后期剪辑实习生，他刚大学毕业，去公司不到几天，就发现公司里都是一些在后期剪辑方面已经做了七八年的行家，他想，自己在这种高手如云的地方一定能学到很多东西，毕竟近水楼台先得月嘛！进公司的时候薛洋就知道公司一定是让他从最基础的东西做起，但是却没想到基础得让他大跌眼镜。主管居然让他天天端茶送水，而且一干就干了几个星期。

薛洋心里非常不平衡，但想到自己是来学习的，虽然天天在做跑腿的事，但是相对于刚来时大家对自己冷冰冰的态度，现在因为自己满脸堆笑地送水送咖啡，大家已经开始慢慢真心地接受他了。这也是一个磨炼自己的机会，一个连水都送不好的人能干什么呢？在这种心态下，薛洋送水送得更真心诚意了，不但及时地送水换水，还把饮水机和办公室打扫得干干净净，从来没有在脸上表现出丝毫的不耐烦和抱怨。

一些好心人经常劝薛洋，说你真傻，得学学其他人，多与领导搞好关系，天天端茶送水能有什么发展，薛洋总是憨厚地笑笑。几个星期之后，公司领导觉得薛洋工作态度非常好，不久就开始让他剪一些简单的片子。不管多么简单的片子，薛洋都会认真地剪辑，力求最好，这慢慢成了他的做事风格，领导自然对他特别欣赏，遇到培训、学习什么的都会尽可能安排薛洋参加，使得他成长得非常快。

很简单的事情，用心去做，就能做出不一样的效

果。所以，不要总是一天到晚不停地抱怨公司不给自己机会，领导对自己的重视不够，更不要对简单易做的事情不重视，甚至因为太简单、太容易，而不屑用心去做，敷衍了事。要主动调整好自己的心态，即使最简单的事情，也要做到最好。

越是平凡的工作越能考验一个人对待工作的忠诚度，越是简单的工作往往越能考察一个人的责任感。事实上，世上的难事都是由简单事组成的，所有成功的人一定是坚持做简单的事，日复一日，年复一年，始终努力，取得成功。把最简单的事情做好就是最不简单，然而往往简单的事情是最不容易做好的。

把毫不起眼的事情做到极致，就是伟大，而机遇之门也会为你随之敞开。因此，不管是一个想要成功升职的员工也好，还是一个想要不断发展的企业老板也好，最重要的是将重复的、简单的日常工作做精细、做专业，并恒久地坚持下去，做到位、做扎实。如此，你就是不简单也不平凡的成功者了。

006

[一辈子做好一件事，就是了不起]

一个人一生可做的事情很多，如今不少人都有这样的想法，自己最好身怀十八般技艺，头顶三四个职务或者身兼五六个身份，甚至恨不得将自己分成几份，分别扔进不同专业的领地里去占个地盘。这样的人看似聪明无比，却不知做事杂乱无章，内心飘忽不定，最后往往所获有限，甚至导致身心崩溃。

你看过这样一则寓言故事吗？

一名游客穿越森林时把手表丢下了，后来被一只猴子捡到。这只聪明的猴子很快就搞清楚了这个“战利品”的用途，掌控了整个猴群的作息时间，并凭此成为了猴王。猴子相信是手表给自己带来了好运，于是它每天在森林中寻找，希望得到更多的手表。功夫不负有心人，它终于又找到了第二块，乃至第三块手表。但出乎意料的是，当面对三块手表时这只猴子反而有了麻烦和痛苦。原来，由于某种原因，每块手表所显示的时间并不是分秒不差的。如此一来，猴子根本不能确定哪块手表上显示的时间是正确的，整个猴群的作息时间也变得一塌糊涂，以致它的威望大降。

拥有一块手表可以准确地知道时间，但当面对两块甚至更多块手表时，反而迷失了时间，带来了无尽的烦恼和痛苦。可见，一个人的精力、时间等资源永远是有限的，以有限资源追逐更多目标，恐怕没有一个方面能取得让自己满意的成绩，这实在不是明智的选择。

怎么改变这一切呢？听听比尔·盖茨的建议吧！他说："如果你想同时坐两把椅子，就会掉到两把椅子之间的地上。我之所以取得了成功，是因为我一生只选定了一把椅子。在人生道路上，你应该选定一把椅子。”的确，因为选择了 IT 事业，他毅然放弃了哈佛学业，放弃了父母提供的优越工作……

回想一下，你是否每天都在忙碌，却又不知道自己真正在忙什么？这时候，你该好好思考一下，你是否为自己准备了两把“椅子”，甚至是多把“椅子”，贪心地什么都想要，想做的事太多或太杂了。如果你足够聪明，就应该学会选择；如果你足够勇敢，就应该学会舍弃，一辈子做好一件事。

人生真正有价值的东西在于质量而不是数量，成功其实不是什么难事儿，最重要的就是你要能够收住心，专心于一件事情。这样，所有的努力才能形成合力，才能达到常人无法企及的高度，现实中这样的例子举不胜举。

约瑟夫·雷杜德是法国的一名著名画家，他出身于一个绘画世家，他的爷爷是画家，父亲是画家，所以他在很小的时候便开始学作画，而且他只做了一件事：画玫瑰，画玫瑰的根茎、叶子、花朵、果实等。父亲并不看好雷杜德画玫瑰，他认为人们只爱看圣徒和英雄，没人会付钱给画玫瑰的画家。

但是，雷杜德却挖空心思地研究玫瑰，耐心地画着一朵又一朵玫瑰。整整 20 年，雷杜德记录了 169 种玫瑰的姿容，花朵神采各异，颜色淡雅，色泽过渡自然，最终玫瑰成了他的巅峰之作，无人逾越。雷杜德也被称作“花卉画中的拉斐尔”“玫瑰大师”“玫瑰绘画之父”。

我们再来翻翻《财富》中世界 500 强企业的简历，物流快递类第一名是 UPS 公司，UPS 发展到今天一直坚持着一件事——用最快的速度把包裹送到客户手中，UPS 把业务做到了全世界；世界第一强、零售业的老大——沃尔玛自始至终只做零售，钱再多都不买地，从不去做房地产，只走一条路；沃伦 · 巴菲特专做股票，很快做到了亿万富翁；乔治 · 索罗斯一心搞对冲基金，结果成了金融大鳄……

这些例子再一次为我们提供了有力佐证：成为价值型的员工不是什么难事，重要的是在面临人生的岔路时，要勇敢做出取舍，选定一把“椅子”。聚焦、聚焦、再聚焦，专注、专注、再专注。一个人一辈子做好一件事，就是了不起。如果你用十年只做这一件事情，想想看下一个世界第一会是谁？

007

[不在意质疑，只在乎专心做事]

院子里，一群青蛙正在一个高高的葡萄架下激烈地讨论，它们决定组织一场攀爬比赛，看谁能最先爬到架顶。有十几个青蛙报名参加比赛，比赛很快开始了。剩下的青蛙们围着葡萄架看比赛，它们一边给那十几只雄心勃勃的青蛙加油，一边窃窃私语：“哎呀，这太难了！没有谁能爬上去的！”

“是啊，可能会掉下来摔死！”望着高高的葡萄架，青蛙纷纷摇头。

听到这些“泄气”的话，一只接一只的青蛙开始败下阵来，退出了比赛。最后，只剩下一只最小的青蛙正一声不吭地慢慢往上爬着，它仿佛要使出全身的劲一样。在众青蛙的注视下，这只青蛙终于成为了唯一一只到达葡萄架顶的胜利者。颁奖的时候，大家问这只青蛙哪来那么大的力气爬上葡萄架顶？这只青蛙什么都不说，只是微笑地看着大家。原来，它什么都听不见，是一个聋子！

总是有一些时刻，自己所做的事情不被别人理解，当自己的努力被贬低得一文不值的时候，请千万不要因为他人质疑的眼光而游移不定，不要陷于别人给自己的评论之中，也不要因为别人的一句话、一个眼神等影响到自己，轻易地放弃或者怀疑自己在做的事情。

世上没有任何一种东西可以让所有人都满意，在我们的工作、生活中，被别人指指点点，甚至被完全否认的事情早就已经见怪不怪了。一个员工要想提升自我价值，做自己想做的事，认准了的事就不要轻易更改，义无反顾地去做就对了。

这里有这样一个故事，颇有启迪性：

他是英国一位年轻的建筑设计师，除了年轻，他一无所有，但承蒙幸运女神的眷顾，他有幸参与了温泽市政府大厅的设计。他对这一份工作很是上心，先后设计了多种方案，希望拿出最完美的设计。最后，他运用工程力学知识，并依据自己的工作实践，很巧妙地设计了只用一根柱子支撑大厅天花板的方案。经过一年多的施工，大厅终于建好了，看起来十分完美。然而，当时许多参与人员对这一根支柱提出了异议，他们认为用一根柱子支撑天花板太危险了，要求再多加几根柱子。

面对众人的质疑，这位年轻的设计师持一种反对态度，他相信自己的设计是万无一失的，这一根柱子足以保证大厅的稳固。他将相关数据和事例详细地列举了出来，并一一分析给大家看。可是，人们从未见过这样的设计，他们都认为这样不合理。但年轻的设计师拒绝了大家的建议，他的固执惹恼了人们，险些被送上法庭。在万不得已的情况下，他只好在大厅四周增加了四根柱子。之后，这个市政府大厅矗立了300多年，市政府的工作人员换了一茬又一茬，市政大厅坚固如初。

直到20世纪后期，市政府准备修缮大厅的天顶时，发现了一个令所有人无比惊讶的事。原来，当初添加的那四根柱子全部都没有接触天花板，而是与天花板间相隔了无法察觉的两毫米。这位年轻的设计师就是克里斯托·莱伊恩，事后人们在他的日记里发现了这样一段话："我很自信，自己设计的合理性。至少

100年后，当面对这根柱子时，你们会哑口无言的。我要说明的是，你们看到的不是什么奇迹，而是我对自信的一点坚持。”

一件事仁者见仁，智者见智，你到底听谁的？还是要听自己的。

克里斯托·莱伊恩成功了，他在最艰难的时候，告诉自己，不管多少人质疑自己的做法，都要肯定自己，相信自己。拥有自己的见解，坚守自己的观点，会使我们的内心产生一种不可撼动的信念力量。一个人，有了这种感觉，遇事就不会左右顾盼，畏首畏尾，才有可能让自己出类拔萃。

俗话说“众口铄金，积毁销骨”，能在无数人的质疑中肯定自我的人是超级自信的人，是具有大智慧的人，也是能走向成功的人。

面对工作中的种种问题时，我们需要的也是如此。为此，你不妨时常问问自己：“我是怎么想的？”“我这样做对吗？”关注自己内心的想法，不管别人肯不肯定，不管别人赞不赞同，不管别人认不认可，只要你相信自己的选择，就义无反顾地去做吧，相信你会看见成功就在不远处。